[美] 辛迪·斯皮格尔 著
陈晓颖 译

微快乐

Finding Hope
(Especially)
When Life Is Not Okay

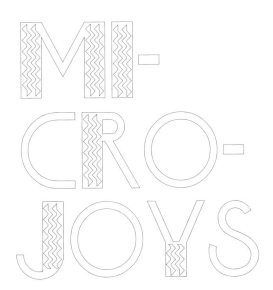

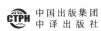
中国出版集团
中译出版社

图书在版编目（CIP）数据

微快乐 /（美）辛迪·斯皮格尔（Cyndie Spiegel）著；陈晓颖译 . -- 北京：中译出版社, 2024.2
书名原文：Microjoys: Finding Hope (Especially) When Life Is Not Okay
ISBN 978-7-5001-7652-7

Ⅰ.①微… Ⅱ.①辛…②陈… Ⅲ.①快乐—通俗读物 Ⅳ.① B842.6-49

中国国家版本馆 CIP 数据核字（2023）第 251430 号

Copyright © Cyndie Splegel
This edition arranged with Wendy Sherman Associates,Inc.
arranged with Andrew Nurnberg Associates International Limited
The simplified Chinese translation copyrights © 2024 by China Translationand Publishing House
ALL RIGHTS RESERVED

著作权合同登记号：图字 01-2023-5427 号

微快乐
WEI KUAILE

出版发行／中译出版社
地　　址／北京市西城区新街口外大街 28 号普天德胜大厦主楼 4 层
电　　话／（010）68005858，68358224（编辑部）
传　　真／（010）68357870
邮　　编／100088
电子邮箱／book@ctph.com.cn
网　　址／http://www.ctph.com.cn
策划编辑／郑　南
责任编辑／贾晓晨
营销编辑／白雪圆　郝圣超
版权支持／马燕琦
封面设计／林　林
排　　版／北京铭轩瑞雪文化传播有限公司
印　　刷／北京盛通印刷股份有限公司
经　　销／新华书店
规　　格／880 毫米 ×1230 毫米　1/32
印　　张／5.5
字　　数／100 千字
版　　次／2024 年 2 月第 1 版
印　　次／2024 年 2 月第 1 次
ISBN 978-7-5001-7652-7　　定价：58.00 元

版权所有　侵权必究
中　译　出　版　社

这里记录了我的人生故事和宝贵回忆，
我会尽可能地还原我记忆中的真实故事。

纵使身陷泥潭,也要心向明月

✦

谨以此书献给:

我的母亲,
是您守护我一路成长;

我的大侄子RBS,
是你帮我指明未来的方向;

伊拉,
是你给了我生活的力量。

还有我的两位哥哥和其他亲人,
因为有了你们,
我才能在公平、正义的道路上勇往直前。

序

我希望这本书可以时刻提醒你：无论身处何种境地，你都可以体悟到生活的真谛，感受到快乐的力量。

我虽然有过很多失去亲人的切肤之痛，但在写这本书之前并未认真思考过痛苦、欢乐以及接纳之间错综复杂的关系。回首过往，我发现即使是在不安、难过甚至痛苦的人生阶段，我也曾感受过很多欢乐。对大部分人来说，快乐和痛苦就像一对形影不离的欢喜冤家，人生路漫漫，我们都得学会兵来将挡、水来土掩。

我的身体里同时流淌着黑人和犹太人的血液，可想而知，我们家族在历史上承载了太多的不幸和痛苦，然而，也正是这样的身份让我变得更加坚韧、快乐、优雅、强大。悲伤痛苦、生离死别一直与我如影随形，我的外祖父在我出生后的一年里就去世了，在我不到七岁时，外祖母也撒手人寰，好在我还清晰记得二老的好多瞬间，有些关于他们的故事更是让我毕生难忘。

后来，我上了小学。四年级时，同班同学劳拉遭遇了车祸。当时正值万圣节，她穿着礼服兴冲冲地过马路，结果却发生了不幸；我记得当时大人聊天时还特意提到那可怜的孩子下葬时也穿着万圣节的礼服。

时间步入二十世纪八十年代，我见证了艾滋病在我们贫困地区肆虐横行，很多跟我年纪相仿的孩子都因此失去了生命：朱尼尔只有十九岁，艾德文也只有二十三岁；在传染最严重的那段时间，父母的几个好朋友也先后不幸罹难。

我一直都懂得世事无常的道理，知道生命既短暂又脆弱，但我也十分清楚，正是因为不确定性的存在，人生才会变得愈加绚烂玄妙。我们此刻拥有的一切可能转瞬即逝，没有人能够逃避生离死别，没有人能够免除悲伤痛苦，因为这就是人生。

当然，我也有过很多开怀大笑的体验，感受过积极向上，懂得陪伴的温暖和希望的力量。正是因为所有的这一切，我才能领悟到微快乐的奥义。

引言

准确来讲,微快乐指的是一种随时随地寻找快乐的做法——每个人都做得到,而且越是身处困境,越是要积极主动。只要稍加练习,微快乐就可以成为一种生活方式,帮助我们打开眼界,哪怕世事艰难,我们也能体悟人类永恒的智慧,欣赏无处不在的美好,发掘每时每刻的快乐。

从小到大,我们一直在被灌输做人要积极向上的"鸡汤",而对微快乐却知之甚少。微快乐并非与生俱来的能力,只有通过有意识的练习才能在我们的内心生根发芽。对我而言,正是成年后那段最艰难的岁月让我发现了微快乐这一强大的武器,也正是点点滴滴的微快乐让我重新燃起了生活的希望——找回了人生的欢乐。

三年前,新冠肺炎疫情肆虐全球。在疫情开始不到四个月的时间里,我先后失去了年仅三十二岁的侄子和我至爱的母亲。一个月之后,我的二哥又突发中风和心衰,因为抢救了十二分钟后他才恢复心跳,医生表示很难预测他日后的恢复情况。我和我那刚刚送走母亲和长子的大哥不得不反复嘱托医生，希望对方能够给我二哥提供最好的治疗。接下来的两个月二哥都住在重症病房，因为疫情的原因，我们没办法探视，只能通过电话了解他的情况。每天至少三通电话，整整坚持了两个月，可以说，所有人都心力交瘁。（即使现在，我每次听到等待接听的电话音乐时依然会心跳加速，生怕传来什么不好的消息。）①同样是在那段时间，我的认识了几十年的一位好友竟然突然与我断了联系，我也不知道自己做错了什么。命运的磨难并没有结束：没过多久，我被查出了乳腺癌，人生终于衰到了极致，我眼前一片漆黑，彻底失去了方向。我别无选择，人生已经失去控制，我只能束手就擒。

我亲爱的读者朋友，你们要知道，所有这一切都发生在短短十个月中，这让我如何承受得起？

不过，同样是在那段时间，我也对人生有了深刻的感悟：

有人懂我，有人爱我。大家对我的爱来自五湖四海，在我最需要关心的时候，他们给了我同情和善意，在我迷茫到不知怎样才能勇敢面对生活的时候，他们给了我最大的温暖。这种觉悟本身就是一种微快乐，如果我一直深陷痛苦无法自拔，很可能会错失掉微快乐的力量。

患难见真情，真正的朋友总是对我不离不弃。他们有时会发

---

① 谢天谢地，如今我的二哥已经痊愈，而且身体非常健康。

来几个猫咪搞怪的表情,有时会在我门口留下附有"爱你"赠言的美丽花束,有时甚至会给我讲些低俗的笑话。我很庆幸有这样一群懂我的朋友,他们想用幽默(哪怕只是短暂的)驱散我内心的痛苦。这些对我来说也是宝贵的微快乐。

我要感激的人还有很多。一时间人生几近崩塌,我也只能先接受现实,再改变现状,我不能无视自己拥有的一切:重情重义的丈夫、整日搞怪的哥哥、颇有口碑的生意、色彩明快到让人心情舒爽的房子、来之不易的真挚友情、给了我巨大归属感的邻居,还有根本不把我当回事却可爱至极的猫咪。我再一次清楚地认识到温暖关爱与生离死别将伴随我们一生——这种顿悟也成了给予我巨大力量的又一个微快乐。

每次遭遇痛苦、面对离别——无论是身体上还是情感上的痛苦,无论是亲人的离去还是情感的丢失——我们都能从内心深处挖掘出一种能力,以不同的方式捕捉不同的心理体验,我们可以刨根问底,可以感同身受,也可以放下恐惧、活出精彩。绝望痛苦之际,我们或许也祈求过上苍放我们一条生路。深陷泥潭,却还要寻找微快乐,这种要求是不是太过分了?心碎至此,却还要奢望释然和快乐,这种态度是认真的吗?我们没有更好的选择,只能一步一个脚印地继续前行,哪怕原地不动,也不能放弃寻找微快乐。

微快乐特别强大,越是在艰难时刻,越容易挺身而出,像一朵出淤泥而不染的莲花,总会带给我们无穷的力量。莲花的美就在于它虽然扎根在淤泥中，却可以汲取巨大能量，让水面上的花朵纵情绽放，用"出淤泥而不染"来形容莲花，真是再贴切不过了。反观我们人类，其实我们也可以和莲花一样。

对微快乐的认识彻底颠覆了我对快乐的传统理解——以前，我们总以为快乐是一种稍纵即逝甚至是难以企及的体验，但微快乐却让我知道：每个人无时无刻都可以体会到快乐的真谛。

生活在这个世界，我们已经习惯各种名不副实的夸赞以及"多多益善"的幸福心态。微快乐的理念与之恰恰相反：寻找微快乐无须刻意表现自我，无须放大自身需求，我们只需用心感受周围的世界，切实体会并欣赏日常生活中最朴实的美好。

微快乐能让我们提升自身能力，在介乎完美和糟糕之间的灰色地带继续好好生活。无论外面世界发生怎样的灾难，无论生活的走向是否超出我们的控制，我们依然可以从中寻找到美的真谛。认识世界时，我们总是更关注极端时刻，看待事物时，总愿意以非黑即白的视角——好的、坏的，富有、贫穷，正确、错误，开心、难过——要么这样，要么那样，很少能做到兼容并蓄。事实上，我们完全可以用"既是这样，也是那样"的心态看待很多问题。

我们如果能够改变角度，便可以发掘更多的微快乐。世界并不是一种非黑即白的存在，黑白之间存在着广袤的灰色地带，身处其中，我们要学会接受并秉持"既是这样，也是那样"的心态。即使是极度悲伤的人，也会拥有短暂而纯粹的快乐瞬间，而黑暗中偶尔出现的那一道光亮就是微快乐，它们是最难能可贵的礼物，能够帮助我们找回自我。

人的一生中会有很多欣喜若狂的幸福瞬间，也会有很多撕心裂肺的痛苦时刻，这些都是我们无法避免的体验。要知道，即使在最艰难的时刻，我们也能寻找到微快乐来抚慰自己的内心。

微快乐将彻底改变我们的人生，改变我们对所谓快乐的固有认知，让我们重新思考快乐的真谛。处境越是艰难，微快乐的能量就越是强大。人生遇到不如意事情的时候，出现难过、痛苦、愤怒的情绪都在所难免，但越是这种时候，我们越应该学会放过自己。即使周遭一团漆黑，我们也有权利寻找光明，哪怕只是为了自身的希望和幸福，我们也应该努力让光明照进黑暗。相信我，只要坚持，就一定能感受到微快乐的力量。

当然，微快乐并非幸福人生的全部保障，但它能让我们学会有意识地感受生命中的各种快乐，它们会反复出现，陪伴我们一生。微快乐虽然是一种即时选择，却可以长久地改变我们的思维方式；而微快乐的体验即使有时候会被忽略（或没有必要），但只要我们能从根本上认识到"快乐往往是一种人为的选择"，那面对未来的人生——特别是那些痛苦的岁月——我们就会怀抱更多的希望，开启更多的可能性。

我已经遭遇过太多的不幸，已经放弃了根植在我们文化中的那种过于贪婪、过于大而全的幸福观。两年前，我出版了畅销书《正向思维》，在书中记录了我的很多人生感悟。而如今，我对快乐有了更加客观、更加深刻的认识：真正支持我们前行，让我们一步一个脚印走向目标的往往是那些细腻而低调的瞬间。

人这一辈子都会经历各种各样的事：有的美好，有的平常，有的悲惨。有时候，我们的情绪会一落千丈；但有时候，我们会学会重新思考，学会感激生活，认识到什么才是真正的幸福。只有这样，我们才能变成更好的自己，才能做到披荆斩棘、勇往直前。

在这本书中，我们将主要探讨微快乐的本质，希望书中的故事能够提醒大家：人生的每分每秒——开心也好、平凡也好、悲伤也好——都将成为我们生命的一部分，都能让我们从中体悟到人生的深邃、美好和珍贵。

微快乐的意义并不在于记录人生的完美瞬间，相反，微快乐将会一直提醒我们人生充满了未知和瑕疵，即便如此，生命依旧珍贵；微快乐将教会我们从生活的每个瞬间发掘出真正的智慧和内在的美好。我们要做的很简单：提高意识，仔细体会，发现生活中更多的微快乐。亲爱的读者朋友，这正是我创作本书的初衷，希望它能提醒各位：哪怕步履维艰——或越是步履维艰——我们也要（越要）坚持寻找属于自己的微快乐。

认识微快乐

微快乐一词究竟所为何来？所谓微快乐，不是说这样的快乐特别微小，而是说这样的快乐唾手可得，不需要大费周章、劳心费神，毕竟，在我人生最痛苦的那段时间，想要寻找所谓的大快乐实在是太难了。

那段时间，我勉强能做到留心身边的日常，希望能从中发掘浅显的道理和短暂的美好。对于更加宏大、更加遥远的东西，我真的心有余而力不足。不管日子过得如何，哪怕再忙，只要我们懂得微快乐的道理，就可以轻而易举且心安理得地找寻到生命中的美好。

即使从未经历过生离死别，从未遭受过切肤之痛，我们也应该学会在生活中寻找微快乐。微快乐可以培养我们接受现实、笑看人生的能力，让我们充分认识到：日子哪怕再难，也一定会有快乐的事情发生。

微快乐与开心是两个不同的概念。开心的感觉（当然谁都想要）是一种内心感受的外在表达，因而总是稍纵即逝；而微快乐则不然，它是我们主动营造的心理活动，虽不必大费周章，效果却立竿见影——可以让我们暂时超脱当下，给内心以更强大的支撑。只要多加练习，微快乐就可以成为我们的一种生活方式，取代那种如同打了鸡血的过度积极，消除那种凡事都看不惯的玩世不恭。有了微快乐，我们就能明白，虽然世界瞬息万变，我们却始终可以找到生活的快乐和人生的真谛，始终可以对未来怀抱希望。

每个人都可以拥有微快乐。无论出生在怎样的文化背景，身处于怎样的经济状况，拥有怎样的肤色和社会地位，是何性别，有没有信仰，你我随时随地都可以体验微快乐。

微快乐无须刻意打造。拥有微快乐是人类与生俱来的权利，有了它，我们才能活得更加智慧，学会自我接纳，拥有更多的幸福。

无论身处何种境遇，我们都有快乐的权利，微快乐就是你我最好的选择，即使已经感觉前途无望、力不从心，微快乐也不会弃你我而去。

微快乐唾手可得。不论生活平静如水，还是混乱如麻，我们都可以轻而易举地找到微快乐，因为它就渗透在日常生活的点滴之中。如果我们能随时发现微快乐，就可以自如切换自己的注意力，暂时忘记难过的事，至少获得片刻的安宁。

对微快乐的认识越深，就越容易拥有微快乐。我们要对身边的微快乐多加观察，让大脑对其变得越加敏感。比如，"丢了"

的钢笔失而复得，我们会感到高兴；起床后喝杯白开水，我们会觉得舒爽；与朋友不期而遇，我们会感到开心；透过窗上挂着的棱镜看到彩虹，我们会感到惊喜。所有这些都是日常生活中稍纵即逝的瞬间，又或许，我们有办法将它们永久收藏？

如果不能有意识地训练大脑发现微快乐，许多神奇的瞬间很可能就被我们忽略了，而其中的美好也会被瞬间遗忘。如果真是这样，岂不是太可惜了！

相反，如果我们能够认真观察、仔细体会，这些美好的瞬间就会带给我们超乎想象的福祉，让我们不论身处何种境遇都能感受到当下的快乐。微快乐的美妙之处就在于其简单易行，日常生活中蕴含着巨大的宝藏，我们要做的就是去发现、去感受。另外，在学习寻找微快乐的过程中，我们也可以加强对自己的了解，分辨出真正属于自己的快乐。主动寻找、发现微快乐属于开启心智、善待自我的行为，可以带给我们永久的实质性改变。

我在书中讲述了自己的故事，分享了自我探索的过程，希望也能帮大家打开一个全新的视角，重新看待这个世界。你或许能从中找到希望，无论日子多么无聊、艰难，希望都将与你同在。你或许会觉得书中有些内容相互矛盾，这恰恰是我的刻意安排，人生在世，我们必须明白世事无常、随事制宜的道理。很多文章都是我由感而发的随笔，正是微快乐给了我思路、智慧以及勇敢和赤诚。经年累月，深刻的智慧和清晰的思路又让我认识到不同的微快乐之间存在的差异，当然还有蕴含在其中截然不同的道理。我希望这本书也能帮你提高认识——无论身处何时何地,你都有权利拥有快乐和希望;无论对自身是否满意,你都可以从自身挖掘更多的快乐。

这本书记载的并非我的救赎之路,而是我的日常生活,但不可否认,有些部分确实有拯救的力量。

还有一点最为重要:这些日常生活带给了我太多的微快乐。

目 录
CONTENTS

上篇

感受生活：
用心体会每一个荒诞、平常、神奇的瞬间

香料店 / 3

圆点玻璃杯 / 5

生日蛋糕 / 8

咖啡色泽 / 11

静谧林中 / 14

空白画布 / 16

小猪存钱罐 / 19

真假雀斑 / 21

无所事事 / 23

印度奶茶 / 26

还原真相 / 30

渴望美好 / 34

馈赠的幸福 / 37

快乐之本 / 40

中篇

**人生纵有千难万险
只要活着就有希望**

无论贫穷，还是富有 / 46

为了忙碌而忙碌 / 48

新年心愿，美裙 / 50

睡个踏实觉 / 52

量力而行 / 55

无聊周末 / 57

知足常乐 / 60

秋日烧烤 / 62

上天眷顾 / 64

重拾感恩节 / 67

夏日星期五 / 72

母爱 / 75

抗疫日记 / 79

好事成双 / 81

穿高跟鞋的小女孩 / 84

时间是个混蛋,千万不要辜负漂亮衣裳 / 88

下篇

丰盈内心:
学会自处,学会与他人相处

变形记 / 96

我与母亲的日常 / 99

家门口的友情 / 102

进化蜕变 / 105

我的老公伊拉 / 108

崩溃、甜甜圈和冬日晨跑 / 112

小猫杰克 / 115

雪中送炭 / 118

感慨万千 / 121

莱纳德 / 123

放慢脚步 / 127

家居裤的魔力 / 130

神龙见首不见尾的父亲 / 133

躺椅上的奇葩夫妇 / 137

你快乐,所以我快乐 / 140

凌晨三点的陌生访客 / 143

如何带领团队 / 146

结　语 / 150

致　谢 / 154

上篇

感受生活：
用心体会每一个荒诞、平常、神奇的瞬间

微快乐的基础是细微观察、用心感受。我们生活在一个标题党盛行、错失恐惧症(FOMO)普遍的时代，周围充斥着各种抓人眼球的喧嚣，久而久之，我们便会对日常的细微差异、静谧美好和荒诞不经丧失鉴赏的能力。要知道，这些才是生活的日常，才是人生的主体，如果我们把全部注意力都放在那些夺人眼球的大事上，无疑就会错过生命中很多欢乐、幽默和意义：喧嚣都市的窗外偶尔传来小鸟的啾鸣；光线透过门缝投射到地面留下的光影；（像我刚才）不小心把衣服穿反引发的尴尬；你无意间发现与爱人的手长得很像的惊喜。这些日常的瞬间宛若昙花一现，稍不留意，我们就错失了体验快乐的宝贵机会。

要想获得微快乐，我们需要加强对细节的关注，认识到日常生活中的瞬间也可能拥有神奇的力量。我恳请各位，在阅读后面的内容时，不妨花些时间审视自己在生活中的快乐时光——可以回顾已经发生的瞬间，也可以留意未来的各种可能。别忘了，寻找微快乐的过程就是"感悟美好"[①]的过程，也是追求幽默、探索意义的过程。

---

① "太阳每天东升西落，我们有太多机会见证奇迹，感悟美好。"——谢丽尔·斯特雷德（Cheryl Strayed）曾在《走出荒野》中引用过其母亲的经典言论。

香料店

我之前一直生活在布鲁克林区,在我家附近有一家我钟爱的地中海香料店。那是家百年老店,即使前段时间我已经搬家,但还是会经常光顾那里,每次去都会大包小裹地采购一大堆香料,估计这辈子都用不完。

我超级喜欢那家香料店的氛围,一进门就能闻到各种好闻的味道,不仅有新鲜的香料,还有多如牛毛的橄榄以及完全超出我认知范围的各种粮食,总之,满满当当,陈列着各种好东西。他家的店员已经在店里工作几十年了,脸上总是挂着亲切的笑容。其中一位男店员每次见到我还会亮亮嗓子,唱上几句,那种感觉真是让人既尴尬又向往。我想,正是这种家人般的亲切成了我时不时光顾这里的另一个理由。

每次进店我会先取个号码,然后自在地在店里转悠,等着店员叫到我的号码。耳边萦绕着研磨花生的声音,卖奶酪的销售人员不厌其详地介绍产品,其他员工一边聊天一边忙着往货箱和货架上补货。

就在前几天,我又去了那家香料店,挑了好几样东西:柠檬盐、玫瑰酱、西西里柠檬精油、三种橄榄、红胡椒、粗盐,当然还有巧克力姜糖。其实,虽然买了这么多香料,我并不知道自己要做什么食物。然而,每当看到家里操作台上的那罐玫瑰酱,思绪就会把我带回到那家香料店:那是一个冬日的晴朗午后,我去了一趟布鲁克林,光顾了那家我最爱的店铺。

店铺开得越久,似乎越容易被人忽视,仿佛社区里随便一家菜店,没有什么特别之处。如果我们每次走进去都能用心去看、去听、去闻、去感受,就会发现活在当下的感觉原来是这般神奇。

举一反三:

选一个你平时常去的地方,用心体会那里的每一处细节。请尽量做到心无旁骛,全心投入。你有何感受?听到了哪些声音?看到了哪些曾经熟视无睹的人、事、物?哪些能引起你的共鸣?

圆点玻璃杯

有一段时间，我经历了太多的生离死别，身体仿佛知道我需要安慰和呵护似的，变得越发柔软而丰满。我整个人大了一圈，恨不得能装下两个原来的自己。以前的衣服自然是穿不下了，那些都是我步入人生低谷之前入手的时尚单品，很多连吊牌都没来得及摘掉。它们难道是想告诉我要面对现实吗？之前，我活得潇洒自信，现在，我连这些衣服都无法驾驭，更别说适应全新的生活了。

我的裤子都太紧了，牛仔裤最夸张，拉链都拉不上了。记得有一次，我实在没裤子穿了，只好硬生生地套上了那条牛仔裤，反正上身罩了一件长衫，拉不上拉链也没关系（谁会知道呢）。最终，我放弃了内心的倔强，心甘情愿地改变了穿衣风格：换上了质地柔软的羊毛裤、色彩鲜艳的大长袍，还有花里胡哨的蓬蓬裙。回头想想，其实这些无奈的选择似乎与我之前的着装风格并没有实质性的差别，只是我之前的选择更多罢了。

自我改变穿衣风格已有数月，我已彻底适应了柔软的衣服，心里琢磨着为何不做出真正的改变，彻底放弃对曾经自我的执念。曾经的我，活得洒脱自在；曾经的我，绝不会放弃对身材的管理；曾经的我，清醒地知道自己是谁。

我花了几个小时整理过去的衣物，也算是对过去的美好人生做个了断。我以为自己会很难过、很迷惘，然而竟然没有。我脱下舒服的裤子和吊带背心，挑了几件以前的衣服试了试。有些实在太小了，我把它们整齐地叠好，装进大口袋里，想着回头捐给需要的人。最终，我整理出了三大袋衣服，都是我曾经的最爱，每件都很漂亮。除了衣服，袋子里还装着我以往的人生：那件凌厉的白色大牌衬衣（最适合搭配塑形的高腰裙），那条从未上过身的亮粉色酒会礼服——只可惜我还没机会出席一场那样的活动，就得跟它说拜拜了。

全部整理完毕，我泪眼婆娑地看着收拾好的几大袋衣服，内心竟然感到一丝轻松和开心，这么多没用的衣服终于要被送走了，我感觉自己心里的大石头也终于落了地。过去的我已经一去不复返，我不应再用以往的标准来要求自己，衣服穿不穿得下已经不再重要，重要的是我要正视自己的内心感受。我想明白了：我的外形虽然变了，但我还是我自己，何必过分执拗？何必要让曾经的自己阴魂不散？

两天后，我把收拾好的衣服装上车，把它们捐给了当地的教会慈善商店。我感觉自己像是卸下了几十磅的分量，轻松得像一只自由的小鸟。一切搞定，我推门准备离开慈善商店，不经意间回头看了一眼摆放玻璃器皿的货架，一只圆点玻璃杯当即吸引了我的注意。我之前有过一套圆点玻璃杯，用了几十年，可惜一年前被我不小心摔碎了一只，眼前这只刚好可以弥补我的缺憾。

或许这就是命运吧！我的那套玻璃杯又完整了。

举一反三：

寻找路标：生活在这个动荡的世界，路标如同箭头一样，可以为我们指明前进的方向。生而为人，我们不应该只盯着前方机械地赶路；相反，我们要给自己留出时间，放慢脚步、静心思考。我们可以拐个弯，可以驻足看看摆放玻璃器皿的货架。如果你感觉内心有种冲动，督促着你做某事，那你就去做，不用在乎是否合理。正是因为有这样的冲动时刻，我们才能更好地审视自己的内心，才能更好地认识外面的世界。

生日蛋糕

母亲活着的时候（在我心里，母亲其实从未离开）一直是家里的主心骨。自从我有记忆以来，无论家里哪个孩子过生日，母亲都会亲手为其制做生日蛋糕。母亲是典型的犹太人，喜欢通过食物表达自己对家人永恒的爱，我们从小心里就明白：不管我们长到几岁，母亲制作的生日蛋糕会陪伴我们度过每一个生日，想要尝尝外面买来的蛋糕，根本就不可能。母亲总是一如既往地亲手为给我们制作生日蛋糕，而我们也会永远心怀感激地悦纳。

后来，我结婚了，老公自然而然也成了家里的一分子。于是，他过生日时，母亲也会亲手为他制作生日蛋糕。刚开始，他并不知道自己有多么幸运，母亲的生日蛋糕绝对堪称奢华，她总是毫不吝啬地使用最新鲜的水果和布丁，还会在外面抹上一层厚厚的奶油，不把蛋糕弄到"一吨"重，她决不罢休。每次看她做蛋糕，我本以为她已经完成了裱花，没想到她还会再来一层装饰。我们都知道，她撒下的每一粒糖果、涂上的每一抹奶油，都代表了她对我们浓浓的爱意。终于大功告成，毫不夸张地说，蛋糕约七公斤重，外面撒着各种彩色糖果，里面夹着至少三种馅料，表面上还涂了将近一升的奶油。

过去很多年，我曾多次向母亲灌输简约蛋糕的好处，可她根本不听我的意见。厨房是母亲最喜欢的地方，门一关，里面什么事都由她说了算。若是她想多加些樱桃、布丁和彩色糖果，谁都拿她没办法，我们只要负责吃就好了。

面对她的豪华大蛋糕，我曾经太多次告诫自己要节制。可如今，如果能让我再吃上一口那甜腻厚重的蛋糕，我愿意拿任何东西来交换。

母亲为人开朗，喜欢倾听、喜欢笑、喜欢烘焙，她留给我们的不仅是无尽的爱，还有对我们灵魂的慰藉。我们一家人的相处模式深受母亲的影响，挖苦、幽默和蛋糕已经成了我们彼此表达爱意的独特方式。

母亲做的蛋糕我吃过几百次，似乎已经对她倾注在里面的爱习以为常了。然而，每一口蛋糕依然能够让我感受到她对我们每个孩子的无微不至和舐犊情深。

举一反三：

你和朋友、家人、爱人之间有什么固定的传统吗？有些你是否已经习以为常、不太当回事了？想一想，如果你知道自己以后再也无法沿袭那些传统，会尝试着用全新的态度看待它们吗？会不会更加珍惜、更加感恩？再次参与其中，你会更加用心吗？你会把它们记录下来留作永久纪念吗？请认真思考以上问题，相信你会从已经习以为常的活动中寻找到属于你的微快乐。当然，这几个问题我只是在抛砖引玉，你还可以有更多深入的思考。

咖啡色泽

我走进附近的咖啡店,点了一杯咖啡,找了个位子坐下。之后,发生了一件意想不到的事。

咖啡师把咖啡端给我,问了我一个普通得不能再普通的问题,不仅司空见惯,甚至有点多余,但他还是开了口,问了那个形同虚设的问题。

"咖啡的色泽如何?"

他这无意间的提问却令我心潮澎湃:我很在乎咖啡的品质,尤其喜欢喝黑咖啡……当然,有时也会加些牛奶和奶油。咖啡师会问我色泽,是因为我点了奶咖。

对于我这个狂热的咖啡爱好者来说,看到一杯咖啡因为加入适量奶油而变成诱人的焦糖色,我会一下子心情大好。加入奶油的咖啡,色泽恰到好处,既不同于加入牛奶后的浅褐色,也不同于加了其他代奶产品的灰棕色,而是那种比焦糖还要明亮的颜色。我经常光顾这家咖啡店,咖啡师了解我的喜好,那一刻我非常感动,原来有人在乎、理解、懂得我对咖啡的执着。

写到这里,我又想起关于咖啡的另一个记忆:

那是一个星期一的上午,九点的阳光正好,我按照事先说好的,来到曼哈顿下东区的服装店取我的婚纱。两天后我将赶赴明尼苏达——我们会在那里举办婚礼。我激动地穿上婚纱,结果发现比我预先跟店家交代的短了三十厘米,我想要的是那种裙摆拖地的婚纱,可现在的长度只到我的小腿,倒是适合出席酒会的时候穿。我真是太倒霉了!我很难不这么想。不过,接下来发生的事却让我改变了悲观的想法。

我狂躁地联系了几个朋友,看看她们能有什么解救的法子。突然,我收到一则消息,对于任何身处痛苦中的人来说,这样的消息都无异于一针强心剂:

"别担心,有我呢。我三十分钟就能赶过去,路上我会给你买杯咖啡,色泽绝对是你喜欢的那种,我保证。放心吧,最后一定会一切顺利,不仅仅是顺利,而是会完美收场。"朋友真的很了解我,知道我喜欢的咖啡的色泽。

每个人都渴望被理解、被欣赏、被关爱、被看见,这是人的天性。在人生如此重要的时刻,当你知道有人懂你,有人在乎你,理解你想要被看见、被听见、被关爱的心情,你还能奢求什么呢?

这世上竟然有人懂得我对咖啡色泽的执着,这是多么美好的感觉啊!

举一反三：

　　人的一生由无数片刻和瞬间集结而成，其中蕴藏着他人对我们的关爱和理解。千万不要对其熟视无睹，我们要懂得每句话语背后所传达出来的情义，要珍惜每个貌似不起眼的善举所代表的关爱和理解。

静谧林中

我曾经离开喧嚣的都市，搬去森林木屋住了一段时间。每天清晨醒来，看到白色雾霭笼罩在五彩斑斓的树间，红彤彤、黄灿灿，仿佛到了人间仙境。原来，即使浓雾弥漫，大自然也不会黯然失色。近旁的一棵大树枝繁叶茂，苍翠欲滴的树冠，结实粗壮的树干，让人忍不住想要爬上去感受儿时的快乐。

放眼望去，远处那些参天大树的颜色最是惹眼，映射着秋日的姹紫嫣红，让人赞叹不已。树下满是落叶，像铺了一张荧光色的毯子。大自然为何能周而复始地经历四季轮回却不知疲倦？它总是如此慷慨，如此洒脱，总是能带给我们太多奇幻的美景。

天光破晓，小径两旁的路灯还亮着。近前是一条长椅，平日里总是坐着人，此刻终于得了空闲，可以享受片刻的安宁。或许，它也想好好感受大自然的空灵。

我伫立在这静谧的林中，对原始的大自然肃然起敬。世间的一切如此神奇，自然浩瀚，人类竟然可以在这样的静谧中醒来，在这样的静谧中驻足，在这样的静谧中真实地活着！

我不明白大自然为何如此雄浑伟大却还是瞬息万变，但是，哪怕再晦暗的浓雾也休想遮蔽这世界的美好。

举一反三：

当然，我们无法每一天都保持高度的警觉，但只要条件允许，我们一定要关注身边的细节，观察它们的颜色、质地、声音，了解你当下的感受。给自己留出时间停下脚步、用心观察，如果你只知道一味地赶路，就会错过很多沿途的风景。无论身在何处，哪怕是在办公室、厨房，抑或是在海滩或森林，你都要学会慢下脚步，用心感受当下，一定会在细节中发现很多世界的奇妙之处。

空白画布

新冠肺炎疫情已经肆虐了六个月,我和老公决定离开纽约城区,在三十二千米以外的一座创意小镇租了一套公寓。房间很开阔,采光充足,墙漆色彩浓烈,角落里摆满了各种绿植。

不如这样说更加准确,我和老公搬进了一套宽敞的房子,让封控期间的闭塞日子多了一些选择。公寓很大:一间阳光房(后来成了我的办公室)、两个卫生间(这在纽约市中心的公寓可不敢想)、整面墙的书架(太奢侈了),竟然还有精美的石膏装饰线(简直奢侈到了极致)。

初次见到这套公寓时,它给我的印象是装修很有品位,灯光柔和,整体呈现米色系,虽然不太符合我俩的风格,但多少也能有种家的感觉。老公是个摄影师,对空间有着非常准确的判断,签订合同之前,他请房东把公寓的墙壁(包括石膏线之类的)统统刷成亮白色。对于他的大胆提议我不太有把握,但有一点我很清楚,就是我也不喜欢大多数出租屋惯用的奶白色墙壁。(我知道很多人家的墙壁都刷成了米色系,所以肯定有读者想要与我辩驳了,请容我解释一下:我喜欢你们家里奶油色、蛋壳色、米色系的墙面，真的，我真的喜欢！不过，毕竟萝卜青菜各有所爱，有人接受不了亮白的冷色调，也有人看不上暧昧的暖色系，这都很正常。我真的没有针对任何人的意思，我和老公真心希望能被邀请去你们暖色系的家中做客，吃个饭、喝个酒、看个电影、烤个烧烤什么的。感谢大家对我的理解……感谢大家邀请我们去你们家里做客，咱们来日方长，慢慢相处！）

我现在还清楚记得墙面粉刷后自己首次走进公寓的感觉，房子宽敞了好多，到处都亮堂堂的，感觉像是一块崭新的空白画布，让我当即有了家的感觉。当时的我，还不知道自己将要遭遇一系列的不幸（侄子刚刚去世两个月，搬进新家两个月后，母亲也离开了我们），一门心思地与老公一起开始了新家的设计和装饰。

我们把公寓中央的一面墙设计成了装饰墙，贴上了五彩花色的壁纸，还挂了一幅超大的画像。而后，我们把带壁炉（真正可以使用的壁炉哟）的那面墙漆成了明黄色，把另一个房间的一面墙漆成了藏蓝色，还有一面墙被我们漆成了静谧的淡红色。

我们买了一台老式媒体设备推车（就是小学期间赶上放电影的日子，老师会推着播放设备进教室的那种推车），给它涂上了亚光的亮粉色，摆放在餐厅，与四周墙上挂着的各种艺术品相映成趣。母亲去世后，我接手了她养的所有绿植，它们在我们的新家活得朝气蓬勃，与明亮的光线、开阔的空间、丰富的色彩结合得无比完美。

我们搬离布鲁克林那个狭小却温馨的公寓时,并不知道迎接我们的是怎样一个新家。现在想想,恐怕不会再有其他地方能像这个新家一样抚慰我受伤的身体和心灵了。我们的新家色彩明快,温馨舒适,邻里和睦,大家经常聚在院子里品鉴红酒。这里充满了创意和快乐,即使在风暴过后,也能让人感到巨大的安宁。

举一反三:

治愈内心的伤痛并没有最佳的良方,但俗话说得好,时间可以治愈一切,不管你心里是何种标准,日子总会好起来。我们无论如何都无法改变已经发生的事实,无法消除内心的痛苦,也无法短时间内得到治愈,但我们走出的每一步、做出的每一个决定都至关重要,都可以帮助我们挖掘出被喧嚣骚动蒙蔽的智慧,都可以帮助我们走出废墟,重新走进光明。

小猪存钱罐

记得那一次我是去西部出差,在当地一家商店里看到一个小猪存钱罐,玻璃材质,晶莹剔透,心里很喜欢。虽然完全没想好买它来做什么,抑或是能作为礼物送给谁,因为第一眼就喜欢上了,便放纵了一回,做了一次冲动消费。

回家后,我随手把它放到了架子上,心里想着回头再琢磨它的用场。日子一天天地过去,我开始往里面塞硬币——偶尔也会塞些纸币,隔着玻璃就能看见里面有两张二十美元的纸币。

就这样,不知不觉地过了一年,"玻璃小猪"里竟然塞满了钱。每一分钱都是我在外面捡来的:泥坑里闪闪发光的一分钱硬币、地铁座位上不知谁落下的五分钱、买回来的二手衣服口袋里的一把零钱、电梯上找不到失主的二十美元。无论走到哪儿,我总能捡到钱,而且多大面值的都有。

捡到钱这件事本身当然是一种微快乐,算得上平日里的小惊喜,然而其中还隐藏着另外一种微快乐险些被我错过,那就是我找到了当初自己冲动买下"玻璃小猪"的理由。冥冥之中,我帮自己找到一个透明的容器,这只"玻璃小猪"切切实实地证明了用心看世界会带给我们丰厚的回报。我们一旦认识到这一点，自然会更加投入地生活。后来，我跟老公又买了一个玻璃小猪存钱罐，眼看着也要塞满了。

小小的放纵，大大的收获！

举一反三：

如果看到什么东西让你非常开心，即使没有具体的理由，你也可以将其收入囊中，其中的乐趣并不在于花钱，而是在于我们要允许自己收获小的礼物，承认它们的长远影响：或许是令我们会心一笑，或许能带给我们财运滚滚，又或许可以改善我们的情绪，总之，这样的礼物能让我们体验到更多不同的微快乐。

真假雀斑

我的脸上有很多雀斑，从小到大一直如此，估计老了也会一直带着。其实，我的左脸颊上还有一块很大的胎记，只是随着年龄的增长几乎已经看不出来了。可小时候，我的胎记很明显，常常因为它的缘故被人嘲笑。记得十岁那年，一个人的话深深刺痛了我，我跑回家问父母能不能把我的胎记做掉，母亲回答说，如果到了十六岁，我依旧无法接受它的存在，那她就带我去把它做掉。现在回想，母亲当时真的很有先见之明，但也绝对是在撒谎。母亲知道，随着年龄的增长，慢慢不会再有人拿胎记开我的玩笑，再说了，以我家当时的条件，根本负担不起什么手术。就这样，那块胎记现在还长在我的脸上，我很开心自己有这样一个独特的标志。

成年后，我慢慢学会去欣赏每个人的独特之处，有的人门牙的缝隙很大，有的人脸上长了一颗美人痣，有的人天生一头亮橘色的头发（母亲年轻时就顶着一头红色的秀发），虽然这些特质并不符合我们对美的传统定义，但依我看，传统意义的美真的一点特色也没有。

咱们还是继续说回我脸上的雀斑吧，一件意想不到的事情发生了。除非你也有雀斑，否则很难想象它们还会随着季节交替而发生变化。

我的雀斑（平时还不算明显）每到夏天颜色就会变得特别深，还会爬满整张脸，就连不太容易长雀斑的下巴、额头、鼻子都无法幸免。盛夏的烈日下，雀斑从之前不太明显的米色一下子变成了棕色，仿佛呈现出了3D立体效果。

变化真的很明显。记得一天早上，我看着镜子里的自己，发现右侧脸颊又多出了一片雀斑。

不过，经过一番仔细观察，我发现那一个个的小点点竟然并非雀斑。

那它们是什么呢？容我想想……我昨晚喝了小扁豆汤，不慎将几颗小扁豆黏在了脸上[①]。

举一反三：

你也可以试试睡前不洗脸，或许第二天也能在脸上发现前天晚上的食物残余，多好玩啊！当然了，如果你不想没事找事，不愿意发生这样的事情，大可按部就班地继续洗脸的习惯。

[①] 千万不要说我不讲卫生，我之所以有时不洗脸是因为我的皮肤科医生告诉我，每天洗脸会导致皮肤干涩，所以，只要我白天没化妆，睡前可能就不洗脸了。我这个人吧，除了不爱洗脸，其他都还不错，这次发生这样的事情，我内心多少也觉得有点羞愧。

无所事事

容我先禀明各位，这篇文章讲的就是无所事事，不会有任何刺激或惊喜。

我每次想寻找写作思路时，都会找个安静的地方坐下，什么也不做，只是用心地感受世界的宁静。谁能想到，最初这种貌似不切实际的无聊练习却为我开辟出了一个全新的空间，带给了我难以形容的滋养和力量。

我坐在家里的红色沙发上，裹着厚厚的羊毛毯，这是一个能够观察到全家的有利位置：我快速浏览着书架上的书，笑盈盈地看着相框中亲人的照片，欣赏着阳光洒在绿植上的斑驳光影，发现我的猫咪"抖抖"黏人地躺在我旁边，我却没有理它的打算。它两眼睁得溜圆，像是在给我暗示，我不假思索地开口道："你怎么就醒了呢？不要打扰我，我不会理你，快接着睡觉吧。"我竟然在跟猫咪对话，一时间，我有点不知所措，不过马上又回到了闲来无事的心境。

为了打破一成不变的静坐，我起身给自己冲了一杯咖啡。厨房距离客厅仅咫尺之遥，走过穿衣镜时我突然意识到自己可能穿得太多了。家里开着暖气，非常暖和，而我却趿拉着羊毛拖鞋，穿着羊毛袜子，套着天鹅绒的居家裤，上面搭着一件吊带背心，外面罩着落肩的齐膝针织裙（刚刚坐在沙发上时我还一直裹着羊毛毯）。我满头卷发上别了好多小卡子，可还是有一半头发垂落了下来，好在另一半依然被各式小卡子控制着，随便瞥一眼就看到了四个。我觉得自己的装扮很是荒唐，这副大白天就衣冠不整的样子让我有种轻浮叛逆的快感。我忍不住问自己，如果老公伊拉不在身边，我还能不能像个成年人一样自律；然而，这种时候反而会（莫名其妙地）让我感觉到内心充满了力量。虽然遭遇了很多不幸，我却打开了一个全新的自我，我可以不修边幅，可以跟猫咪聊天，可以想什么时候喝杯咖啡就什么时候喝，这说明我过得还不错，是吧？

终于，我来到厨房，煮好咖啡，捧着热腾腾的咖啡，走回到客厅。我换了个地方，坐在了墙角的椅子上，继续着我的无所事事。眼前摆着上星期的报纸和一堆杂书，我思忖着要不要拿起一本书来看看。其实每本书我都或多或少看过一部分，拿起任何一本都会忍不住从上次看到的地方继续往下读，而此刻我的大脑还没有精力做这件事。于是，我放弃了看书的想法，只能让它们继续安静地等待了。我虽然现在没心情读书，但它们的存在总能让我感觉到希望。

闲坐让我养成了自由创作的习惯，我不必挖空心思，可以自在地有感而发。各种想法和思绪宛如和煦的清风，自然而然地冒了出来，虽然有可能毫无牵绊地消失，但过程中我仿佛得到了些许治愈。生活在这样一个时代，我们不得不全神贯注，不得不急功近利，还能有时间闲坐，该是多么奢侈啊！无所事事貌似无趣枯燥，实则意义重大，只可惜太多人没有认识到它的宝贵。

举一反三：

你可能会发现无所事事比你想象的难很多，以我自身的经验看，要想做到无所事事，需要进行相应的练习，毕竟这种浪费时间的感觉与很多传统的价值相悖。我们从小到大听了太多教育我们要珍稀时间的箴言，比如："要么忙着生、要么忙着死"、"游手好闲定会惹是生非"等，太多谚语都在警惕我们陷入闲散无聊、无所事事的人生。然而，我却认为大家一定要多给自己留出闲来无事的时光！没完没了地奔忙只会让我们更加麻木，这当然不是我们想要的生活——不如为自己开辟出更多的时间和空间，让内心得到真正的放松和安宁。

印度奶茶

有段时间,我感觉自己成了漂浮在纽约的一叶浮萍:刚刚辞去做了八年的工作,还没想好是否彻底离开时尚圈,但内心清楚必须做出真正的改变。我着实不知道接下来该何去何从,于是给读研究生时教我的一位教授打去了电话。他是我的良师益友,属于有大智慧的人,除了教课,还从事关于全球化对世界影响的研究。接到我的电话时他人在德里,说一个月后还将赶赴尼泊尔,去调研当地的游牧民族,可能会在那儿逗留几个月。

我用几分钟简要描述了自己内心的不安,他刚听我讲完就非常直白地道了句,"你来印度吧,我去机场接你"。就这样,两个星期后,我登上了飞行时间长达十六小时的航班。

接下来的几个星期,我开始了人生全新的探索:去寺庙祈福,去泰姬陵游览,去斋浦尔淘换了五颜六色的古董,还品尝了各种美味辛辣的吃食。

教授在当地有个好朋友,名叫塞玛(Seema),是个厨师,我在德里的那段时间,每天早上六点都是她用一杯热气腾腾的印度奶茶准时把我唤醒。快要回国的那几天，我请塞玛早上五点她一过来上班就把我叫醒，因为我想跟她学习如何制作姜汁味的印度奶茶。就这样，接下来的几天，她早上五点会准时来到我的房间，在床边的暖气旁坐下，用印度语念叨上几分钟，慢慢地把我唤醒，我也会嘟囔着英语跟她互动。其实，我俩都谁不知道对方在说什么，但肢体语言传达的信息足够明确，而且脸上的微笑和彼此的情绪都一目了然。后来教授朋友告诉我说，我俩不约而同都用了自己语言中"姐妹"一词来称呼对方，我和塞玛的感情的确很好，回国前我俩拥抱了好几分钟，一直不舍得放手。

回国后的十年间，印度之旅一直埋藏在我的内心深处，带给了我无尽的力量。每年一到秋天，东海岸的天气就会迅速变冷，我总会给自己煮上一杯塞玛教我的印度奶茶。我会认真备好所有食材，小火慢煮上半个小时，这样可以让食材的味道得到充分的释放。

既然分享能让微快乐加倍，不如我现在就把印度奶茶的做法分享给大家。

塞玛版的印度奶茶

（两杯用量）

生姜：3到5厘米，切丁，或依个人口味增加用量

豆蔻夹：8到10颗

丁香：8到10颗

桂皮（或肉桂棒）：几块桂皮或3到4根肉桂棒

豆蔻粉：$\frac{1}{4}$茶匙

阿萨姆红茶：$1\frac{1}{2}$茶匙

红糖：我购买的是方糖，一壶奶茶可放4到6块，或依个人口味酌情增减

全脂牛奶：$\frac{1}{4}$杯，或依个人口味增减

杏仁：不喜欢可不加

制作说明：

将生姜、豆蔻夹、丁香、桂皮、豆蔻粉加入3到4杯的水中，熬煮20分钟。之后加入阿萨姆红茶、红糖和牛奶，转小火慢煮5分钟左右。将煮好的茶滤出，倒入杯中，趁热加入杏仁即可享用。（奶茶喝完后剩下的杏仁也千万别浪费。）

特别提示：

我先后去过两次印度（这是第一次，第二次是和老公去那里度蜜月），看到当地人喝印度奶茶时用的都是大玻璃杯，而不是马克杯。请大家一定注意：千万不要烫到自己，我个人的经验如下：小心端起杯子，呷上一小口，然后赶紧把杯子放下，以免手指烫伤，然后再端起来，再呷一小口，再快速放下。如此往复，慢慢享用，乐在其中。

举一反三：

只要条件允许，一定要让自己放松下来，忘掉所谓的计划。如果你能为自己留出时间和空间，请带着好奇心仔细体会当下的感受。提出问题，仔细观察，虚心求教。记住，心与心的交流靠的不仅仅是语言。

还原真相

这件事发生在居家隔离的第六个星期,当时我们还住在布鲁克林富人区的小公寓里。因为闲来无事,我们花了很多时间研究(其实是品尝)红酒,到最后,附近的红酒经销商只要新进了我们喜欢的产品,就会亲自发邮件通知我。那段时间,我除了研究葡萄,还花心思制作了一个相册,记录了我们居家隔离最初四十天的生活。如此特别的经历,我可不想忘掉。

1999年上大学以后,我基本上一直生活在纽约,大学毕业后没几年就在这座城市安了家。

2001年,我在位于十七层的办公室见证了双子塔的坍塌。当天,我的好朋友玛尼第一天来我们公司入职,恰巧赶上她二十一岁生日,没想到我俩竟一起目睹了双子塔倾颓的悲剧。我们二人惊惶地走在第五大道上,稀里糊涂地接受了一位衣着笔挺的陌生人递给我们的两片阿普唑仑镇静剂,看得出对方也被吓坏了。(放心,我和朋友都没事,但我还是建议大家,千万不要接受陌生人给你的任何药物,永远也不要。)我和玛尼走在落满了爆炸灰尘的街上,始终不敢相信眼前发生的一切,漫无目的地朝着市中心的方向走，也不知道究竟要去哪里。我们走啊，走啊，一直走到了深夜。手机没有信号，火车停运，家也回不去。9月12日凌晨2点，我终于步行走回了新泽西的家，家人全都围了上来，我们抱在一起，放声大哭。

2003年8月，我又成了纽约大停电的亲历者。我和四位同事只能靠老板冰箱里少得可怜的食物过活，一块巧克力和三块之前剩下的冷比萨。千禧年过后的几年间，我一直在时尚界打拼，老板的冰箱里自然不会有太多食物储备。那个夏天的纽约很热，我们没办法回家，只能挤在老板一居室的公寓里。因为没有空调，大家只能靠少穿衣服降温，如果我没记错的话，一个同事当天睡觉时穿的是老板男朋友的运动短裤，这件事我们回头有机会再细聊。好怀念二十几岁生活在纽约的青葱岁月啊！

十年的时间一晃而过，我那放纵的青春也一去不复返。2012年，我独自一人生活在布鲁克林的富人区，结果又赶上飓风桑迪肆虐全城，我所在的社区也未能幸免。我住在一层，所幸没遭受什么损失，但当初为了以防万一，一个朋友还是把她的公寓钥匙留给了我。她家离我家不远，在五层，她说公寓里储备充足，可以应对不时之需，瓶装水、手电什么都有……公寓大楼还有门卫把守。我记得自己在赶去她家的途中路过了一家餐厅，我竟然给自己点了一杯老式鸡尾酒。你说巧不巧，后来我和老公就住在那家餐厅附近。

2016年，纽约经历了有史以来最大的一场暴风雪，也让我赶上了。地铁停运了几个星期，整座城市几近停摆。我搭乘公交车穿过布鲁克林，赶去参加一位朋友组织的瑜伽课，竟然看到镶了里衬的车厢内壁上爬着一只大蟑螂。（没错，那时纽约老款的公交车确实都镶着里衬，没人清楚其中的缘由。）我很难过，没心思理会它，于是给它让出一条生路，心想着，快走吧，大蟑螂。

不知不觉，时间来到了2020年。早在疫情发生前我就认真思考过，如果纽约再发生什么，我可能不会再不计后果地选择留下了。毕竟，我早已过了二三十岁的年纪，不再孤身一人，生活已经发生了巨大的变化。

仅仅三个月，疫情彻底改变了我们的生活，一切似乎再也回不到从前了。疫情改变了我，也改变了身边的每个人。纽约永远还会是全世界最具韧性、最有活力的城市——但也不可能回到疫情前的状态了。

我们在纽约的生活即将告一段落，我不愿忘记自己和纽约人共同经历的一切，那段日子虽令人难过心碎，但也不乏人性的美好光辉，所有画面、各种瞬间，令人五味杂陈：橱窗上带给人希望的手绘彩虹、一直无法开门的店面、（特殊时期才允许）配送到家的鸡尾酒、用湿巾给钱币消毒、耗时费力的护肤工程（我的皮肤之所以能像婴儿般嫩滑，完全得益于此）、天才音乐家在防火梯通道里的演奏、因为久坐而长在身上的肉、失去亲人朋友的痛苦、老公与我厮守的温暖、我自制的香蕉面包、没完没了的信息往复、战斗机在高空向一线工作人员表达敬意、我与最好的朋友重修旧好，所有这一切，都是我宝贵的回忆。生活越是艰难，人心越是温暖，我要记住这些感受，尤其要记住窗上的彩虹，还有我心里的彩虹。

从2020年3月16日起，我拍了几百张照片，真实记录了我们整整四十天的封控生活。2020年对我造成了无法磨灭的影响，彻底改变了我的人生，我当然要记住是什么成就了今天的我。

举一反三：

人生总是充满各种矛盾，黑暗和光明往往也能殊途同归。

我们要保持耐心和勇气，也要保持清醒，无论是梦寐以求的美好，还是超出预期的艰辛，我们都要勇敢面对，都要见证世间的真实。任何一个时刻都可能改变我们的人生，让我们以前所未有的方式前进。当然，我们一定要认真活在当下，否则机会很可能悄悄溜走。世界本就是一种矛盾的存在，只有认识到这一点，我们才能变得既柔软又坚强。布芮尼·布朗在她的《归属感：做真实的自己》中写过这样一句话："我们要有结实的后背、柔软的前胸和狂野的内心。"很多时候，我们必须承认事物的两面性。

我们要学会记录生活，用照片影像、艺术创作或是聊天记录记下自己的所思所感。待到有一天，我们能做到一手呵护心痛，一手迎接快乐，我们就抵达了光明与黑暗交汇的地方。我衷心希望大家能懂得这个宝贵的道理。

渴望美好

时尚遭遇了一场严重的饥荒，
美的设计凤毛麟角，丑的东西大行其道。
亲爱的，我渴望看到真正的美啊！
——引自《九月刊》的传奇时尚编辑、记者、"表达先锋"
安德烈·利昂·泰利（André Leon Talley）

我喜欢从简单中发现美好：阳光透过窗子洒进房间，降噪的电动汽车（如何做到的呢？简直无法想象！不过也不用帮我解释，我其实也没那么想知道），猫咪杰克把一条腿（仔细想想，应该说是一条胳膊）耷拉在沙发边上，像是要够什么东西（其实只是在睡觉），开视频会议时因为涂了某种色号的口红瞬间让我焕发了光彩……我说的就是类似这样的小事。

我们只要擦亮双眼，就可以发现身边的美好。

夏日傍晚，与不太熟悉的邻居喝上几杯红酒；信息时代，接到朋友的电话，听到对方久违的声音；寒流来袭，发现窗外粉红色的花朵还在顽强绽放；超市排队，与身边的顾客随便闲聊上几句；五岁的外甥女感慨自己是个天才，她罩上外婆的斗篷，把最爱的两只毛绒玩具塞进大大的口袋，又把瑜伽垫和客厅靠枕卷成了铺盖卷儿；大雪压低了枝丫，各种植被却还在执拗地挣扎，仿佛在对刚刚落下的雪花说"圣诞老人，还没到你该出现的时候"；一个人在街上跑步，迎面遇上同道中人，彼此点头示意，似乎在说"你活得真健康，状态好极了"，即使我们活得很不如意，也会因为这样的话而感到巨大的安慰。

哦，对了！还有新泽西咖啡店刚出炉的法式面包，第一口咬上去的酥脆令人很难忘怀；刚做完美甲的指甲明艳而闪亮；一栋被漆成了各种紫色的大房子，太有趣了；还有我那总能把简单故事讲得老长的哥哥。（希望这毛病不是我家人的通病。）

冬日里，贴身穿着厚实温暖的羊绒衫；进入房间，光着脚踏在实木地板上，抑或是早上醒来，冰凉的脚丫踏上柔软的羊毛地毯；还有老公伊拉灿烂的笑容：他一笑起来总会在眼角挤出几道皱纹，还会露出深深的酒窝，害我总忍不住伸出手指戳它两下；猫咪的塑料喷泉发出潺潺的水声，我闭上眼，假装生活可以永远平静如水。

其实，生活还有更大的惊喜：逛食品店时发现自己竟无须理会价签上的标价（其实我还是会看价签，也不理解东西为什么卖那么贵）；独自一人自在地坐在餐厅用餐，偶尔从手机上抬起眼，与陌生人聊上几句。哦！对了，还有！星期二的大白天去看电影，还给自己买了一大包黄油爆米花，感觉有点不务正业，大白天不工作却来电影院消遣。还有！还有！毫无由头地给自己买了一堆漂亮裙子，惦记着有朝一日能出席某个盛大场合，到时候一定要闪闪发光、艳压全场。

日子的确会过得很平淡，但只要用心寻找，总能发现其中的美好。

举一反三：

我们要学会从普通事物中寻找简单的美好、轻松的崇高和日常的幽默，用心体会一切都将稍纵即逝的无奈与荒唐。

馈赠的幸福

馈赠是我表达爱意的方式,所以我总是乐此不疲。反过来,馈赠也能带给我无尽的幸福:用心挑选,精心包装,看着对方睁着大大的眼睛、带着大大的笑容将礼物打开,整个过程都让我由衷地开心。

当然,我也喜欢收到别人送我的礼物,东西值不值钱并不重要,重要的是对方的心意,是他们百忙之中之在我身上花的时间和心思。每次听见闪送的快递员按响我家门铃,或是回家看到门廊上放着一个意外的包裹,都会让我感到无比兴奋。(当然,很多我以为是意外惊喜的包裹不过是我自己买的猫砂、洗洁精或是其他乱七八糟的东西,我满怀希望打开,结果自然会很失望。)不过,生活本来就充斥着各种情绪——哪怕是馈赠,带来的也不一定都是好心情。

我作为一个"70后",对礼物似乎有一种难以割舍的情结,让我想到儿时在麦片包装里发现赠送玩具的快乐,意想不到,开心兴奋。哪怕收获幼稚玩具的不是我,而是其他小朋友,但看到他们激动得直拍手,我也会感受到巨大的快乐。(不过话说回来，即使我当时年纪尚小，可一想到之后还要吃那袋麦片，还是不免心生担忧，毕竟小孩子摸过的麦片总让人感觉不太卫生，现在我也这么认为……不过，咱们还是言归正传吧。)

这么多年过去了，我对馈赠礼物的热忱依然没有消退，它已经成了我最喜欢的消遣方式。看到家人、朋友拆开心仪礼物时的欢乐反应，我简直比对方还要开心。我有时会提前几个月的时间四处搜罗，盼着能凑成最好的礼物组合。（我送人礼物愿意一下子送几样东西。）

去年圣诞和新年那段时间，我始终无法摆脱内心的痛苦，一直躲着不愿见人。一年过去了，今年，我想好好为家人和朋友准备礼物。我给伊拉买了一个雕塑艺术品，很像是摆在蜗牛壳里的牙齿，很多人觉得这雕塑有点吓人，但我真的很喜欢。雕塑的材质当然不是牙齿，而是树脂，只是不太容易看出来罢了。雕塑出自大师之手，她的每件作品都是纯手工打造，正所谓慢工出细活，作品一经推出，很快就会被一抢而空。我当时很忙，既要打理自己的生意，又要筹划这部作品，但还是记得加了设计师新品发布的提醒，还把时间记在了日历上。收到消息后，我第一时间出手，皇天不负有心人！终于被我抢到了！这是我送出的最好的礼物！

我为两个哥哥准备了几大袋传统的糖果、衣服和其他奇奇怪怪的东西，包括成人版羊毛质地圣诞怪杰绿色连体衫和镶着人造毛的帽子。我知道，这份礼物也很怪异，但我那成年的哥哥非常喜欢,说衣服上要是再有几个口袋就更好了。

我用心挑选的另类礼物带给了家人好几天的欢乐时光。

每次出国旅行,我都会给朋友买些小礼物,比方说印度的彩色拖鞋、法国的松露盐、意大利原产的意大利面等。要是哪位朋友生了小孩,我也会不落俗套地花五美元买一件"我爱纽约"的婴儿连体衣送给人家。

你要问我这些礼物有什么实际用处吗?其实并没有。但你要问我它们会因为荒唐带给对方很多快乐吗?答案是绝对可以!

我做人一直很慷慨,我也一直为之骄傲。让他人开心的同时,我自己也收获了巨大的幸福。快乐真的会传染,所以为何不能像撒出婚礼撒花一样,把快乐传递给更多人呢?

举一反三:

用心挑选礼物是一种慷慨的善举,送礼物这件事与有没有钱无关,手工制作、四处淘换、旧物利用都是可行的办法。我喜欢的很多礼物都来自慈善商店和二手店,如果足够幸运,我甚至能从超市的一元区发现心仪的目标。我们要做的是通过礼物充分表达自己的心意,花了心思的礼物比随意买一件贵的东西要可贵得多。

快乐之本

人生就是这样,既荒唐又美好,既压抑又神秘,既搞笑又悲凉,既刺激又忧伤。人生浩瀚无边,充满了无限可能,正是因为如此,我才一定要从日常的简单中感受到快乐的奔涌。

真挚的友情、热乎乎的龙虾卷、猫咪的脚丫、伊拉下班回家开门的动静、新买的空气炸锅、社区图书馆丰富的藏书、所有粉色的东西、一杯刚煮好的浓咖啡、与新朋友天马行空的聊天、八十五岁姑妈的厨房、驾驶橙色的车子满街跑、与闺蜜约好的早茶、母亲的照片、郁郁葱葱的绿植、哥哥独特的幽默感、开阔的空间、节日装饰、原装纯实木地板、父亲的神通广大、轻便暖和(仿睡袋设计)的冬衣、马丁靴、阔腿裤、我自己的藏书、亮色的长袍、出国旅行、与爱人耳鬓厮磨、自驾出游、夏日艳阳下的露背装扮、星期日的报纸、新鲜的蘑菇、让我回忆起漫长夏日的冰淇淋贩卖车以及车上播放的洗脑音乐、缠着尼龙绳的老式户外躺椅、刚刚出炉的纯牛肉热狗、奢侈的面霜、金光闪闪的首饰、玫瑰味道的身体乳、各种鲜花、水疗按摩、刚落下的白雪、附近的公园、无障碍通道、星期五晚上的鸡尾酒、自由、家里的壁炉、老公化腐朽为神奇的动手能力、落地玻璃门、内置橱柜，等等。

举一反三：

  人生充满无限可能，荒唐、压抑、神秘、搞笑、刺激、忧伤，浩瀚无边。学会记录快乐，总结出自己的快乐清单，你会发觉世界依然美好如初。越是在人生发生错位、出现起伏或痛苦不堪的时候，我们越是需要整理出一份属于自己的快乐清单。

中篇

人生纵有千难万险
只要活着就有希望

投入当下，我们可以拥有更多微快乐；审视过往，加强对人生的感悟，同样也可以成为微快乐的源泉。微快乐需要我们从看似平平无奇的日常中找寻美好，也需要我们不断提升悦纳生活的能力，即使过得不如意，也要从中发现快乐。微快乐就隐藏在我们学会接受现实、摒弃片面认识的普通瞬间，无论过往还是现在，都是我们人生的真实印记。痛彻心扉与欣喜若狂，无尽的混沌与间歇的平静，悲惨与安宁，大与小，是与非，所有一切都是相辅相成的真实存在。

人生不可能一帆风顺，遭遇困难时偶尔的微快乐绝对是难能可贵的礼物，可以让我们回归心灵的家园，获得片刻的安宁和些许的力量，可以让我们相信，纵使当下活得支离破碎，早晚有一天还能重整旗鼓。很多时候，恰恰是因为受到两种不同认知的影响，我们才会变得更加优雅。等到那一天真的到来，我们一定要学会如何在二者之间做出有效权衡，同时也不要忘记留给自己反思和喘息的时间。

很多人都愿意用非此即彼的单一滤镜看待世界，从未用心体会过其他可能。你要知道，单一滤镜会让我们错过非此非彼的中间地带，错过先接受现实、再改变现状的机会，错过感悟生而为人的大智慧——人生可以既开心又难过，既痛苦又快乐，既富有又潦倒，既愤怒又感恩。微快乐可以教会我们体验并接受不同甚至相悖的道理，一旦我们进入这样的中间地带，就会发现世间一切皆有可能。这样的真知灼见就是对自己的善待，就是对自己的宽容，无论生活多么艰难，我们都可以勇敢地找寻各种形式的快乐。

中篇部分讲述的正是找到了中间地带的我，这样的我接受不同的认知，相信微快乐既可以来自悲伤也可以来自欣喜，既可以来自贫穷也可以来自权贵。很多微快乐其实就是来源于我们对人生的深刻感悟，只有用心回顾过往，才能认识到许多经历的宝贵之处，这些往往需要岁月的历练。阅读以下内容时，我希望大家能够摒弃偏见，带着一颗探索的心去认真思考自己的中间地带。

每个人都想走正确的道路，但正确的道路不止一条。很多时候，一味地追求终极真理无异于打一场攻坚战，很容易一无所获，因为人生大部分时候都需要我们保持彼此不同甚至相互矛盾的认知。人生很少是非黑即白的存在，越早认识到这一点，就越容易从容地面对生活，只有先全盘接受，而后才能拨云见日。

如果我们能够走进包容差异的中间地带，就会发现关于是非对错，不同的人会给出不同的答案。我衷心希望我们可以一起提升认知，真理并非只有一个，很多事物的存在都有它存在的道理。

后面的几篇文章记录了我苦中有乐的个人经历，虽然写作过程很艰难，但我仍希望把它们写出来，提醒大家（即使人生陷入谷底）微快乐始终也会与你我相伴。只要我们做好准备、仔细挖掘，加强对时间的感悟、提升对自我的认知，微快乐就会应运而生。

内容提示：中篇部分的一些文章涉及疾病、死亡或痛苦等话题，请做好相应的心理准备。

无论贫穷，还是富有

虽然出生在相对贫困的家庭，但我小时候日子过得还算幸福。那时候，我常常拿着花花绿绿的食品补贴券去街角的商店买咸味薯条和两毛五的糖水，吃饱喝足后再心满意足地回家。同样是我，成年后，却经常乘坐商务舱满世界地飞，有时一顿饭的花销都抵上儿时家里一个月的房租了。儿时的贫穷和成年的富有，二者都是真实的我。小时候，我经常在夏日的雨天爬进塑料的牛奶箱，两个哥哥沿着马路牙子推着我的"小船"，我顺着积水的流向很快就漂到了史密斯大街，别提多开心、多风光了。同样是我，成年后，曾跑去意大利巍峨的山间奢侈地度过阳光明媚的夏日，泡在私人泳池里俯瞰山下的葡萄园，一手举着酒杯，一手敲着笔记本电脑。简单的快乐和奢侈的享受，二者也都是真实的我。

我清楚地知道，儿时的经历并非是我今日成就的绊脚石，恰恰相反，它是我取得成功的助推剂。正是因为体验过两种截然不同的生活，我才能更加深刻认识到现在生活的来之不易。或许这样说更准确，人生的所有经历都深深烙印在我灵魂的深处，让我感受到了最为纯粹的幸福。时至今日，我依然能切实感受到漂流在城市街道上的简单快乐，也能真切体会到托斯卡纳午后清新的空气和温暖的阳光。

有些人可能会把贫穷看成坏事，把富有看成好事，但在我看来，两种想法都太过绝对。我庆幸自己拥有如此清醒的判断，让我懂得去接受生活本来的样子，无论身处何种境遇，我都可以从中找寻到快乐。

举一反三：

你是否感受过截然不同的体验？是否因此有了深刻的感悟和清晰的判断？或许你也曾经深陷生活的泥沼，甚至丧失了全部的快乐；或许你也羞于甚至耻于成为众星捧月的焦点，即使是在最需要的时候也不允许自己拥有片刻的喘息；或许你也总是用非黑即白的视角看待生活，才因此错过了中间地带的美好。

回顾过往，我们总结出来的经验教训不仅会成为最大的微快乐，还将成为意想不到的宝贵礼物，我们只要活着，就会得到上天的礼遇。

为了忙碌而忙碌

每次,只要我感觉需要治愈,就会想办法让自己忙起来。可我最终发现,这并非长久之计,或早或晚,我还是要慢下来,还是要停下脚步,还是要正视自己的心碎。当然,有些情况下,忙碌确实可以成为(暂时)治愈痛苦的良方。

侄子遇害后没几个月,母亲也离开了我们。她刚走的那段日子,我应对痛苦的办法就是给墙刷漆,只要能让我暂时忘记母亲的离去,让我做什么我都愿意。我不能让自己闲下来,担心整个人彻底颓掉,毕竟我还没有崩溃的资本。

一个清爽的秋日,我套上黄色的厚毛衣,带上一份报纸,来到家附近的咖啡店,找了个露天的位子坐下。我本来一直喜欢暖和的天气,但对当天的清冷却格外感怀。我端着热乎乎的咖啡,手上蹭了报纸的墨迹,一切似乎都恰到好处。我整个下午都坐在那儿,时而与陌生人聊天,时而一个人默默发呆。

一天,我在家里地下室找到一个废弃的花架,已经生了锈。我花了几个小时用砂纸把上面斑驳的白色油漆打磨掉,随后将其漆成了(防锈的)亮粉色,那是我能找到的最扎眼的粉色油漆,那花架至今仍放在我家客厅，上面摆放着母亲留给我们的绿植。可惜了我当初的煞费苦心，如今架子还是生了锈。

有大概一个月的时间，我完全沉浸在制作小陶器的热情中无法自拔，虽然做出来的东西奇形怪状，但想着可以用来种些小的绿植或是插花，内心还是颇有满足感。老实讲，这些小物件与我家的风格并不匹配，但不知为何，摆在家里还挺好看的，与色彩鲜艳的墙壁也算相得益彰。对了，我还做了一个高四厘米（有点吓人）的大耳朵面具和一个高六厘米的马克杯，杯子正面的热狗图案从设计、雕刻到上色完全出自我一人之手。如今，这些奇奇怪怪的小容器里都种着气生植物，被我整整齐齐地摆在客厅的书架上，陪着我最爱的书。

我们终有一日需要坐下来消化内心巨大的痛苦，但忙起来的确也能带给我们片刻的宁静，所以这样的忙碌时间同样重要，至少可以教会我们心碎时也要保持内心的安宁。

举一反三：

如果你也在痛苦地纠结，不妨也行动起来，做点什么，让自己得到片刻的喘息。你可以跟陌生人聊天，可以制作些小东西，这些事都能让你静下来，让你从痛苦中暂时抽离。当然，这种游离不会太长久，但至少可以让你在暴风骤雨中找到片刻的安宁。别忘了提醒自己，暴风雨终将成为过去。

新年心愿，美裙

2020年虽然是我前半生最艰难的一年，但也是这一年让我实现了真正的成长。我不再奢望我爱的人能长命百岁，不再武断地认为自己可以永远身强体壮，我开始明白人生无常的道理，生而为人，有时只能任其摆布，这种心态如今已经深入骨髓，烙在了我的心里。

先接受现实，再改变现状。

同样是在2020年，我无意间开启了我如今最爱的新年固定动作：每逢元旦临近，我都会出门逛街，给自己买一条或许根本没机会穿的裙子，就是为了买而买，不需要特别的理由，哪怕当时的心情再难过，我也要狠狠地宠溺自己。

新裙子具有重要的象征意义，既是我与前一年所有厄运的告别，也是我与新一年所有微快乐的问候，我仿佛是在跟它们说，"哈喽啊，亲爱的们！"

几条裙子花不了我多少钱，当然也称不上最实用的配置，但如果说到帮助我走出痛苦，买裙子这个小小的举动却真的可以发挥作用，它会一直提醒我：就算眼下再痛苦，一切也终会好起来的。

我不再计划什么新年心愿，也不再想着用什么词表达自己对新年的期许，因为我已渐渐明白，希望虽然是件好事，但很多事情我们根本无力左右。不如送给自己一条裙子作为新年礼物，告诉自己要有信心，明年一定会更加幸福。

穿上一条镶着十五斤金色亮片或是花哨得不能再花哨的裙子，明年的日子怎么可能糟糕呢？穿上一件毫无必要甚至夸张到荒唐的裙子，明年的日子怎么可能不开心呢？（好吧，或许我有点言过其实，但为了无处不在的微快乐……试试总无妨吧？你说呢？）

穿上自己喜欢的衣服，日子也会开心起来吧。

反正我心里是这么想的。

举一反三：

从生活的点滴寻找小小的快乐，给自己挑选一件不实用的裙子吧。人生苦短，再不放纵就晚了。

睡个踏实觉

我跟老公去纽约北部乡下的一座小城玩了一天，整个旅程非常愉快。我们进了当地一家烘焙店，店里的法式甜馅饼绝对称得上惊艳，馅料是百香果蛋奶沙司，外面是松软的蛋糕脆皮，口感既绵密又酥脆，好吃到能让人忘记优雅和风度。我大快朵颐的时候脆皮飞得到处都是，有几块直接落入老公的咖啡里。

那天下午，我们品尝了当地各种小吃，还逛了一家古董店，没想到和怀旧的店老板聊了好久（他一直滔滔不绝，完全没察觉到我已经一步一步挪向了门口，这样也好，避免了双方的尴尬）。四十五分钟过去了，我们终于再次走到了阳光下。我和老公边走边吃，一路忘情地聊天，外界的纷扰渐渐远去，一下午的时间很快就过完了。

当天晚上，我开车把老公送到最近的火车站，然后自己一个人开车去了更偏远的村庄，我要去那里参加周末的静修活动。我找到自己的小木屋，安顿好后再次出门，遇到几位学员，于是便一起朝着主活动的帐篷走去，思忖着自己的心灵即将在那里得到净化。确实，一切都如我所料，唯一的美中不足就是周围的小虫子太多了，给我造成了意料之外的困扰。

活动结束，我整个人神清气爽，充满了力量。我走回木屋，坐在床上，突然意识到自己竟然一个人待在这样一个前不着村、后不着店的地方，于是眼泪开始止不住地往下流，且一发不可收拾，哭了整整二十分钟。

终于，眼泪止住了。我走过镜子，突然间定住脚步。我看着镜子里的自己，脸哭得又红又肿，这还是我吗？我差点认不出来，鼻子通红，眼窝凹陷，睫毛膏抹得到处都是。平时只有笑的时候才出现的笑纹，此刻仿佛成了静态纹，即使不笑也清晰可见。稀疏的眉毛凌乱不堪（下午还很浓密），眼前这个人真的是我吗？

我不明白自己究竟是怎么了，为什么情绪会突然爆发？眼下，我唯一能做的就是好好睡一觉，尽快走出情绪的低谷。于是，我爬上了床。

那一夜，我睡得很香、很沉，我已经很久没有睡过那么踏实的觉了。第二天早上醒来时，我感觉整个人又有了精神，仿佛卸下了沉重的包袱。

我不知道自己的情绪从何而来，管它呢，反正已经过去了。

我再次走到镜子前，看着镜子里的自己，面容清新（眉毛浓密）。原来，我还是我。

举一反三:

　　如果你感觉胸闷气短、四肢僵硬,或是发现脑袋总是不受控制地胡思乱想,一定要找一个能让自己静下心来的地方。在那里,你可以把郁积了几天、几星期甚至是几十年的情绪一股脑儿地释放出来。

量力而行

我慢慢走出黑暗,重新感觉到生命力,生活中也出现了各种小愉悦和大成就:参加邻居的宴会、户外的瑜伽、海滨的鸡尾酒会,(因为这本书)与最优秀的出版社签约,收到公婆送给我的闪亮的橙色汽车。成功、快乐的人生,我似乎又找回了原来的美好。

经过了漫长的黑暗,生活终于拨云见日,我也终于可以短暂地变回疫情暴发前的自己,变回四十三岁以前的自己,变回未曾经历过不幸的自己。

但不可否认,现在的我变了很多。我能体会到这些回归时刻的宝贵,懂得它们的重要意义,但恕我还无法为之欢欣鼓舞、额手称庆。我曾是一个多么愿意庆祝的人啊!任何小的机会都不放过。可是现在让我庆贺,未免太过刻意,要想庆贺,我得先有真切的感受,现在我还做不到。在某些情境下,对于某些事物我可能会有所触动,但大多数情况下,我的感受还很迟钝——至少不像以前那般敏锐。我的感受不再丰富,大多数情况下都变成很单一。可以这样说,我找回了曾经的自我,但还不够完整。

如今，我再次看到了生命的颜色，但仍不似曾经那般瑰丽，至少现在还不是。如果这时候就让我大肆庆祝，庆祝自己多少算是战胜了自我，我还万万做不到，且近期都没有可能。不过，这也没关系，一切都是最好的安排。

有朝一日，或许我会举办一场盛大的派对，庆祝自己走出困境，获得新生，但不是现在。此时此刻，我感谢生活给予我的所有美好体验，所有小的胜利和大的成就，但还不是庆祝的时候。我学会了心存感激，但不会盲目去庆祝，这是多么难得的一份体恤自我的悲悯啊——也是一份听从内心的自由——它本身就是一种巨大[①]的微快乐，若不是经历了痛苦和重生，我不可能拥有如此感悟。

举一反三：

你之前遇到难处时都是如何走出来的（任何难处都可以，不一定非是那种难以跨越的坎儿）？哪些旧习惯已经对你没有帮助？哪些做法你觉得应该暂时告一段落？怎样做才是对自己真正的仁慈和善良？记住，你不必一直八面玲珑、面面俱到，任何人都无权强求你，包括你自己。

---

① 请大家记住：微快乐指的不一定是微小的快乐，它们可以胆大包天，可以威力十足，而且并不会因此而变得难以寻觅。只要我们在生活中稍加留意，就会发现微快乐就在身边。

无聊周末

悠哉悠哉的周六成了我最爱的日子：穿着仙气飘飘拖地的丝绸睡裤（有失优雅）走到厨房，给自己倒上一杯咖啡，一手端着咖啡，一手推开房门，顺便捡起门口的报纸。尚未清醒的我从厚厚一沓《纽约时报》中抽出关于地产和都市（或烹饪）的报纸，然后把剩下的报纸随手扔到沙发上。

伊拉也跟了进来，手里端着他最爱的黑咖啡。他定住脚步，仿佛在做心理建设，准备好一口气攻克十几页的内容。头版的新闻似乎都很沉重，但我们的小橘猫显然不予理会，在旁边跳来跳去，与一只戴着铃铛的毛绒玩具老鼠玩得不亦乐乎。我们家为什么总有这种奇怪闹人的猫咪玩具呢？原因只有一个，那就是我们爱这些猫崽子，特别爱。

之前整整一年的时间，我们频繁进出医院的候诊室，心总是悬着，生怕接到医院电话告诉我们什么不好的消息。如今尘埃落定，我和老公非常感恩能有这样普通得不能再普通的周末。

之前，就是在这样一个宁静的周六上午，母亲邀请我视频通话，开口第一句她就让我调整呼吸，让我坐下来慢慢听她讲。她尽力控制自己的情绪，道出了这辈子最让她难过的事：我的侄子——也就是她的大孙子——前天夜里遇害了。

我整个人呆若木鸡，一句话也说不出来。

母亲挂断电话后，我赶紧给她拨了回去，"……妈，你确定吗？或许他只是受伤了呢？"我这个人，凡事都愿意往好处想，可那次对话带给我的痛苦，是我这辈子也忘不了的。

那天上午早些时候——在我打坐冥想的时候——母亲已经先给伊拉打了电话，她怕我一时接受不了，问伊拉能不能开车把我送去她那儿。可是，前一天我们刚去过，无端再回去一趟肯定说不过去，伊拉知道我会刨根问底。无奈之下，母亲这才拨通了我的电话。就这样，待我和母亲结束通话，伊拉已经收拾好东西准备出发了。

回家后，我第一个见到的是我的大哥。我瘫坐在人行道上，像个无助的孩子，抬头望着他。"大哥，我太难过了，不敢相信这是真的。""我知道，妹妹，我知道。"他俯下身，把我拉起来，紧紧抱住了我。之后，我走进家门，见到了母亲。

那个痛苦的上午让我感觉极其不真实，仿佛发生在遥远的前世，已经经历了上百万次轮回。

如今，十六个月过去了，同样是一个平平无奇的周六上午，我坐在红色沙发上，阳光明媚，周围摆满了绿植，还有几只猫咪在身边蹦来蹦去。

从今以后，我不会再错失任何一个周末带给我的欢愉。

举一反三：

如果你深陷痛苦，请一定提醒自己：眼下的困难最终都会过去。事情已经发生，逝去的亲人也无法挽回，但你此刻的痛苦以及带给你痛苦的事情……最终一定会过去。不管借助神力还是人力，你一定会重新找到前进的方向。

知足常乐

我对自己一直不太满意,所以总是给自己布置各种任务,希望自己能够变得更好,时时刻刻都能进步:成为一个更体贴入微的朋友、更启迪人心的老师、更心怀大众的作家、更懂得反思的人。在过去的四十年里,我一直在不断努力,希望身边的人都能感受到我的用心和关爱。不过,我花在搜罗漂亮的亮粉色指甲油上的时间也不少,毕竟,如果没有合适的指甲油加持,我怎么能成为更好的自己呢?

然而,亲人的离去和身体的病痛让我逐渐失去了斗志,不再一心想要成为更好的自己。我就是一个普通的女人,每天都在艰难度日;我就是一个普通的朋友,会时不时地出现,抱歉最近一直缺席;我就是一个普通的妻子,虽然想与老公互诉衷肠,却总是陷入自己的情绪;我就是一个普通的老师,已经暂时告别了讲台。我心力交瘁,再无余力给予他人知识和力量,我就是我,已经无法变得更好。

我看着镜子里的自己,心想:"就这样吧,这辈子我就这样了。我好不容易变成今天的模样,好不容易成为今天的自己,就算找不到最漂亮的粉色指甲油,日子也还可以继续。"

至少,此刻的我很好。至少,今天的我很好。

举一反三:

如果你也放弃了进步的想法,如果你也陷入无尽的深渊,感觉自己无力给予,你一定要知道,你就没必要再做任何刻意的努力(不过,如果你有幸还执着于找到漂亮的亮粉色指甲油,不妨继续为其花些气力)。

秋日烧烤

最近，除了应付平日里该忙的事，我还额外花了很多时间用于学习、聆听、祈祷和写作。过去几年，我断断续续做过一些冥想练习，近来又把这个习惯捡了起来。今天是我连续冥想的第二十天，虽然依旧无法完全控制自己的思想，但每次至少能坚持把练习做完。母亲已经去世十四个月了，虽然平日里我也觉得她依旧在我身边，但冥想时与她心灵相通的感觉就变得会格外强烈，或许这就是我重拾冥想的原因吧。

上一次出远门，收拾行李时我再次想起母亲。于是，我拿出为她和大侄子制作的照片贴画，一边看着照片中的母亲，一边用手机回放她去世前几个月的语音留言。语音结束，我大声开口道，"老妈，我想你了。你可否告诉我你是否还在我身边？"说完，我继续打包行李，继续忙忙碌碌。

几分钟后，电话铃响了。

来电话的是哥哥，他告诉我刚刚发生了一件怪事。他在院子里烤猪排，突然中途有事需要离开一会儿，忙完就把烧烤的事给忘了。过了整整十五分钟，猪排一直架在火上，三个灶头的火力也都开到了最大。

后来,他终于想起架子上还烤着东西,琢磨着猪排肯定烤焦了。然而,并没有。猪排烤得恰到好处,外酥里嫩,火候均匀。虽是冬日,但当天一丝风也没有,可三个灶头的火不知何时都已经熄灭,无一例外。当时家里没有别人。

我问哥哥这件事是什么时候发生的,哥哥回答说,"十五分钟以前。"

那不正是我请求母亲显灵告诉我她依然陪着我们的时候吗?

举一反三:

我承认,凭良心讲,能否与逝者保持心灵的沟通完全取决于个人的想法和直觉,但很多真实的感觉容不得你不信。于我而言,冥想和静思都可以帮我构建与另一个世界连接的桥梁。如果你相信我,认为我没有胡说八道,不妨也尝试一下冥想和静思。当然,如果我的话不符合你的认知,也没关系,你一定能找到属于自己的方式,与逝去的亲人重新建立联系。有些人会给逝者写信,有些人会设立一个祭坛,有些人会去逝者生前喜欢去的地方,有些人会把自己的事讲给对方。不管你尝试什么样的方法,我都希望你能找到让自己信服的手段。

上天眷顾

大概是2021年的这个时候,我被确诊为乳腺癌早期,之后连续做了二十八天的化疗。现在想想,距离我最后一期化疗结束已经过去了将近七个月。

那段时间,接二连三地发生不幸的事情,癌症成了我需要面对的又一个困难。当时,我感觉人生如同一列奔驰的火车,根本不受我的控制。我想好了,既然无法让火车停下,那就由它去吧,我投降了。我已经毫无力气,只能束手就擒。

我之所以能及时发现癌变,多亏了每年例行的乳腺检查。我完全没有感觉到任何不适,也没有摸到任何肿块,本以为自己没事,结果却接到医院打来的电话。听到噩耗,我的身体完全失去了重心,心想:"这不会是谁在跟我开玩笑吧?这癌症也太会找时候了!"赶上情绪好的时候,我就会开导自己:"好在发现得早,病情还没有恶化!好在附近就有一家非常权威的肿瘤医院!"可难过时,我又避免不了胡思乱想:"癌症当然会找上我啊,那趟失控的列车怎么可能放过我?这就是命,躲也躲不掉,既来之则安之,该做什么就做什么吧!"

经过后续各种扫描检查，医生在我的体内又发现了一处癌变。记得当时我正在做美甲，接到医生打来的电话（没错，我的确是在做美甲，不知道自己为什么要接听电话，总之，我又收到了一个坏消息），我安静地点点头，告诉医生我明白他的意思。医生有点儿不放心，问我有什么想问他的吗，我说没有。事已至此，我问什么都已无力回天。我得了癌症，这就是事实，是我当下所在乎的唯一事实。既然如此，我还有必要问其他问题吗？

当时我的心态已经变了，疫情暴发后的短短八个月，我失去了侄子，失去了母亲，二哥也差点儿命丧黄泉。我能做什么呢？只能迈开腿，继续向前奔跑。

认命后，我被安排做了手术。又过了六个星期，我开始接受化疗。每天早上七点钟我会准时起床，先冲个澡，然后坐进车里，打开有声书，一路赶到医院，脱下衣服，接受十五分钟的化疗，然后再穿好衣服，把车子开到附近的甜甜圈店，喝杯咖啡，吃个牛油果吐司，然后再开车回家。如此往复，直到整个疗程结束。

我很少跟人提起我得了癌症的事。确诊癌症之前的那几个月，身边的家人和朋友已经给予我太多的同情和怜悯了，足够我撑上几辈子了。我不喜欢总是博取同情，更不希望被人看成生活的弱者。当然，我也不是谁都没说，知情人除了老公、婆婆，还有我的几个好朋友，两个哥哥直到今天都不知道我患癌的事（我在此保证，在本书出版之前，我一定会跟他们好好聊聊）。

现在回头想想,我癌症确诊的时机不失为上天对我的一种眷顾。长大成人后,我一直过得非常焦虑,而那段时间,因为一下子发生了太多不幸的事情,反倒让我没有精力胡思乱想。我早就筋疲力尽,即使再多一个坏消息也很难让我辗转难眠。我能做的只有投降,除此之外别无选择。如此想来,让所有坏事都一起发生,多少可以算是上天对我的一种眷顾吧!

举一反三:

人生若陷入困境,缴械投降也是一种本事,需要我们做出自省。对于无力左右的事情,我们要学会接受,学会放下。你要知道,不论是拼命拉扯还是坐以待毙,结果都不取决于你。当然,要想做到缴械投降,你要告诉自己一切都会过去。如果你觉得整个世界都在与你作对,如果你觉得自己已经没有出路,那不如考虑一下缴械投降的做法,多想想"达人知命"这句老话。

重拾感恩节

小时候，家里的晚饭大多是母亲负责，她总会尽量保证营养均衡：有鱼或肉的荤腥，也有蔬菜（多数时候是罐头或速冻蔬菜）和主食。如果条件允许，母亲还会为我们准备甜品，比如抹着奶油的全麦饼干碎做成的苹果贝蒂。我长大成人后，母亲依然固守着她的饮食标准，坚定地认为正餐必须保证营养均衡。每次我跟她说自己在做饭，她都会丝毫不加掩饰地质问我有没有坚守她自创的营养金字塔，有没有不小心忘掉某种食物。按照她的理论，淀粉类主食"利于毛发生长"，蔬菜会让我们变得像"大力水手"一样强壮。如今，我已步入中年，早已不指望自己能像"大力水手"一样强壮，也不希望毛发过于浓密；至于肉类，我和我老公根本就不太会做。母亲对我的想法嗤之以鼻，总是执着地用她的那套说辞劝我改变自己不良的饮食习惯。

母亲最大的热情就是给家人做各种吃食。每逢感恩节，她总是提前好几天就开始做准备。到了感恩节当天，厨房则彻底被她征用，白天我们都不得入内，只能饿着肚子等着晚上的大餐。到了晚上，终于可以大饱口福：一只巨大的火鸡、一盘切好的烤肉、一份中等份量的烤牛肉。如果家里来了不喜欢吃火鸡的客人（怎么会有人不喜欢吃火鸡呢），母亲还会额外烹饪一整只烤鸡。除了这些，还有各种馅料（淀粉绝不能少）、奶油菠菜、蜜汁胡萝卜、一大盆羽衣甘蓝拌猪肉、菠萝红薯圈（淀粉）、红薯泥（还是淀粉）、六到八个母亲自制作的椰子奶油派、两个自制的巧克力慕斯、一个巨大的自制的苹果派，这还没完，还有从商店买来的柠檬蛋糖酥饼、碧根果、南瓜饼。母亲每年都会不厌其烦地准备感恩节大餐，因为准备食物就是她对我们爱的表达。

后来，母亲的身体每况愈下，我们也加入烹饪队伍。其实，我们心里也犯嘀咕，不愿意承认她的身体出现了问题，事实的确如此，我们并没有对后来发生的事情做好心理准备。

母亲在同年九月末永远离开了我们。接下来的几个月，各种重要节日接踵而至，但我们每个人都沉浸在在失去家人的痛苦中无法自拔。那段时间，我的二哥还被送进了重症监护病房，最初是因为中风，后来病情恶化又出现了心衰。那年的圣诞节，我、我老公和大哥（还有母亲生前养的狗狗）情绪低落地坐在沙发上看电视。每个人的心都悬着，担心噩运还没有结束。

一年后，日子渐渐恢复了正常，二哥也出院回了家，而且做了心脏手术后身体恢复得不错。母亲已经离开我们十三个月了，侄子遇害也已经是十七个月前的事了。我们想着是时候恢复家里的一些传统了，于是决定重现一顿母亲生前给我们做的感恩节大餐。我们兄妹三人外加我老公一共四个人，还复制不出来母亲做了四十几年的吃食吗？答案是：复制不出来！我们真的做不出来，但至少我们尽力了！

我们尝试做了母亲的拿手菜——红薯圈，大哥信誓旦旦地表示，这道菜就算不看菜谱他也能做出来。听了这话，我和二哥一脸狐疑，一直守在旁边，看到他错得离谱我俩忍不住哈哈大笑。做饭期间状况不断，我们先是争论该不该往红薯里加木薯淀粉，然后又一致怀疑我老公买的素食棉花糖无法融化（伊拉，你能不能给点力啊），没想到，最后出炉的红薯圈还算有模有样。二哥和我老公精诚合作，也成功完成了两道大菜：一只重达九斤的电烤火鸡和一只柠檬烤鸡。老实说，他们做的烤火鸡还用料新鲜，肉质松软，真正做到了外焦里嫩，是我这辈子吃过的最好吃的火鸡。要是母亲还活着，肯定会为他们感到骄傲。

我选择了一道最难复制的菜：我家祖传的椰子奶油派。据我所知，这道菜是我祖母发明的，需要几个小时的准备时间。要想做好这道菜，细节非常重要，要保证吉利丁在适当的温度下凝固和溶化，要保证奶油打发得恰到好处（一定不能过度打发）。我根本就不会做什么派，估计以后也难有长进，但咱们之前不是说过吗，遇事要先想着接受现实，再改变现状。我决定了，我一定要做出八个椰子奶油派！然而，不知道是哪一步出了错，原材料的用量超出了一倍，吉利丁也完全不听使唤。但既然决定了，我就不能放弃（食材价格不菲，我不能浪费）。我扔掉了多余的食材，经过几个小时的奋战，椰子奶油派终于出炉了。

怎么说呢？味道还算凑合吧！虽然不好吃，但也不难吃。最后大家一致认定，这道菜也算成功。

我们摆好餐桌，把母亲和侄子的照片放在桌上，开心地品尝着自制的大餐，家里再次回荡起欢快的笑声。当然，除了庆祝大餐的成功，我们也是在庆祝自己的幸运：我们有幸拥有家族的传统，食物（即使是不够完美的）始终承载着家人对彼此浓浓的爱。

举一反三：

自从我发现母亲的身体不如从前，每逢节假日或我的生日，我都会请母亲手写一个拿手菜的食谱作为送给我的礼物。我知道母亲有一本烹饪大全，而且家里到处都能看见她打印出来的烹饪说明，但我最想要的还是母亲手写的版本。这成了母亲一年来主要的工作。她买了一本空白的烹饪书，尽可能地在上面记录下更多的食谱，还在旁边写下了注意事项（例如"烹饪……中途不要离开""注意不要糊底"等），满页纸都是她对我的爱。每次翻看她留给我的烹饪书，我都会感觉被她的爱紧紧包围。我当初跟她要这个礼物时并没有想太多，如今我真感谢自己做了这个决定。

趁着家人健在，你可以请他们把自己的人生智慧和家族传统写下来。你要好好保管这份传统，再把它传给下一代，因为上面记录了你们家专属的美食和传统，还有家人之间浓浓的爱意。（我这个人比较感性，更喜欢手写的东西，但其实打印出来的烹饪大全以及传统活动也一样宝贵。如果家人的字写得很难看，或许还是打印的做法更靠谱。）

家人一旦离去，再想复制家族传统或家族美食就不那么容易了。但你也不必沮丧，我们还可以挖掘能够承载关爱、善意和包容的新传统——如某种经过调整的烹饪方法，虽然跟原版有差异，但随着每次的升级换代，味道很可能会变得更好。这里所说的家人可能是跟你有血缘关系的亲人，也可能是你珍爱的朋友，无论他们是否给你留下了手写的记忆，你都可以挖掘属于你的新传统，书写出你的烹饪大全。有朝一日，这些也将成为你留给后代的宝贵传统。

夏日星期五

搬去郊区后的一个星期五,我和伊拉订了一家城里的酒店,计划着回去跟朋友好好聚聚,我们至少有一年没见了。下午四点,我们在酒店顶层的露天酒吧约见了一位好友,三个人一边眺望纽约的美丽街景,一边品尝清凉舒爽的夏日鸡尾酒。此刻的纽约虽然忙碌却并不拥挤,车水马龙,莫名得欢快,那场面只有在夏日周五下班后的纽约才能看见。以我之见,这是纽约这座热闹的大都会所特有的自由、果敢、活跃的气息。纽约大部分居民都是外来者,他们对这个第二故乡的热忱和付出体现了发自肺腑的真情实感。

我已经放弃了传统意义上的工作,不必再找借口逃避星期五下午的工作,但我依然向往在二十七八度的夏日傍晚跑到纽约豪华酒店顶层的露天酒吧享受灯红酒绿的生活。这世上哪还有如此美妙的体验呢?周围是钢筋水泥的高楼大厦,下面是川流不息的人群,你却可以坐在酒店顶层的露天酒吧体会夏日的悠闲,这种感觉简直无与伦比(虽然这样的一餐价格不菲,但绝对物超所值)。

每逢夏季，很多纽约客都会选择外出度假，而我和伊拉却喜欢反其道而行之。夏季的纽约少了几分忙碌，所有人都放慢了脚步，似乎可以随时找块绿地坐下来放松一会儿。有些朋友对此表示强烈反对，他们认为纽约的夏天太闷了，还总能闻到一股垃圾发酵的味道，让人难以忍受。但他们的意见已经无法左右我和我老公的想法。

咱们还是说回我和伊拉入住纽约酒店的那个夏日吧。那晚，酒吧很忙，酒上得有点慢，为了表达歉意，调酒师事先并没有跟我们说免费赠送给我们几杯酒，而是直接把酒端到了我们桌上。只可惜我们得走了，还要赶去市中心参加另外一个活动。于是，我们四处寻找，想着可以把酒送给别人。纽约顶楼酒吧的鸡尾酒着实不便宜，所以我们非常感谢调酒师的一番好意，虽然没喝上，我们依旧很兴奋，当然，受到我们馈赠的人也很开心。总之，我的感觉就是不虚此行，来的时候兴高采烈，离开的时候意犹未尽。

举一反三：

成年后的我在纽约度过了很多开心的日子，现在回想起来仍觉得意犹未尽。我自然不会想当然地以为人生可以一直开心放松、无忧无虑，正是因为知道人生不易，我才不想浪费生命。生命的美好总是稍纵即逝，只要有机会，我就会紧紧抓住：认真观察，仔细体味。待到美好消散，我也不会魂不守舍，因为我知道自己已经有了足够多的美好储备。

  生活中有很多美好的细节，我们要用心体会，懂得乐在其中。我们要仔细聆听，用心观察，即使在普通得不能再普通的场景里，哪怕是在小区遛弯儿、在图书馆闲逛、在附近的咖啡店小憩，我们都会获得意想不到的收获。

母爱

> 被生活伤得越重，拥有的快乐越多。
> ——黎巴嫩著名作家 卡里·纪伯伦（Kahlil Gibran）

我永远不会停止对母亲的思念，她是一个强大的存在，我将永远是她的女儿。随着时间的流逝，我发现生活貌似回归了正常，虽然很多时候我还是会陷入难过的情绪，但整个人似乎慢慢好了起来。

我能渐渐释怀，或许是因为我在母亲生前没有留下什么遗憾吧。母亲活着的时候，我有什么心里话都会跟她讲：有些是夸她的好话（比如"我之所以能成为你心中的骄傲，正是因为你总担心自己做得不够好，我从你身上学到了很多东西，你的坚强、关爱和宽容，妈妈，你可以不要妄自菲薄啊！"），有些是随意的聊天（"你知道吗？土豆竟然涨到每磅四美元了！咱们恐怕很快就吃不起了！"）。有些是数落她的难听话（"我的天啊，妈！我们不是一个小时前刚通过电话吗？这么短时间能发生什么事？你为什么又给我打电话啊？"）。

母亲一直告诫我要清楚地表达自我，哪怕心里害怕，也要表明心意，她总说人一定要正视自己的感受。感谢母亲的教导，我这辈子（大多数时候[1]）都做到了与母亲坦诚沟通。

母亲活着的时候，我俩每天都会沟通，也总会发生争执。刚刚说过，母亲一直教育我要正视自己的感受，先接受现实，再改变现状这一理念在我和母亲的相处中被我执行到了极致。我俩从来不会质疑彼此的爱，她真切地知道我爱她（或许犹太裔的母亲都有一个通病，总喜欢用"你不爱我了"这句话去考验子女，但这个法子其实一点儿用也没有）。

母亲的离世对我来说是人生中最大的考验，从这样的痛苦中走出来真的很难，但至少我在母亲生前没有留下什么遗憾，该说的话我都告诉她了，她临终前我也一直陪在她身边。我想，现在她也一定跨越了时空一直在身边守护着我吧。

长大后，我和母亲的关系变得有些复杂，但那份母女情依旧神圣而宝贵。她是一个刀子嘴豆腐心的伟大的母亲，陪我走过了跌宕起伏的四十三年。今生今世能有母亲的陪伴是我的幸运。

我不想永远活在悲伤和哀悼中，无法想象那样的日子得多

---

[1] 当然，我也不必什么事都跟她说，毕竟她是我的母亲，有些事她还是不知道为好。

痛苦[1]，我要就此作罢！我和母亲之间这份浓浓的母女情让我愿意花时间和精力去悼念她，那种感觉像是在悲伤和怀念之间寻找一种平衡——我知道自己表达得不是很清楚，其实我自己也没想明白其中的逻辑，总之就是，我得先接受她的离去，然后在继续努力前行。这话说起来简单，但面对她的离去，我怎么可能不难过？可我也知道，哪怕是生离死别的痛苦也无法抹杀我们之间浓厚的感情，所以我才能卸下包袱继续前行。我的作家朋友玛丽莎·蕾妮·李的母亲也去世了，她说过"悲伤其实是爱的体现"，我觉得她的话很有道理，很多时候正是爱的深度决定了我们悲伤的程度。

我永远不会停止对母亲的思念，不过，正是因为她爱我，我才更要——鼓起勇气踉跄着——整理好悲伤，重新上路。

---

[1] 我认为大家不应该把伤心和哀悼混为一谈。伤心描述的是一个人在失去亲人后内心的想法和（心痛、难过、愤怒等）感受，伤心不一定要在人前表现出来。哀悼则不然，它是我们失去亲人后的一种外在表达，可以通过举办追思会、分享故事、痛哭流涕、保留照片、记录感想等让我们更长久地保留关于逝者的回忆。我在本书中撰写了几篇文章，这就是我哀悼逝者的方式，也是我内在哀悼的外在表达。余生，我们可以一直悼念逝去的亲人，但这并不妨碍我们寻找快乐和幸福。

举一反三：

  我们一定要清楚地表达自己，即使心里害怕，也要表明心意。如果你爱一个人，一定要经常向对方表明爱意。

抗疫日记

这篇文章写于疫情暴发初期，当时我跟大部分人一样，都处于居家隔离的状态。转眼几年过去了，当时记录的文字依然可以给我无尽的力量。

今天是我居家隔离的第七十四天，我真的要崩溃了，我不想再过这种数着日历盼望解封的日子，不管生活怎样不如意，我都要全心全意地活在当下。或许你也应该如此。

我的内心总是五味杂陈：困惑、感恩、快乐、认怂、愤怒、难过。这会儿还觉得自己很幸福，下一刻又开始莫名地悲伤，而后又会陷入无尽的迷茫，心情总是这样起起落落。不管我是在做烘焙还是在做瑜伽，是在做饭还是在敷面膜，是在闲坐还是在冥想，哪怕是在线上购物，心情从头至尾就没有放松过。那段日子可真难熬啊！

然而又能怎么样呢？我们只能继续活着，一步一步往前走，找回迷失的自己，卸下一个又一个包袱，一点一点地找回平衡。我们只能怀抱希望，坚信生活还会好起来。我们还要继续期盼美好的日子、美好的时光、美好的瞬间。在不远的将来，我们依旧可以毫无顾忌地拥抱、亲吻爱人和朋友；到时候，世界会变得更加友善、更加温柔、更加包容；到时候，我们又可以摘下口罩，给陌生人一个大大的微笑；到时候，我们又可以去别的小区遛弯儿，又可以畅快地呼吸新鲜的空气；到时候，所有人——不论肤色和语言——又都可以自由地在户外奔跑。

那一天终将到来，也一定会到来，因为我们永远不会放弃希望。我们也不能放弃希望，希望是拯救人类的唯一力量。

举一反三：

这段艰难时期虽然漫长，但放在人类的历史长河中看不过是沧海一粟。即便如此，我们经历的痛苦真实存在，我们失去了亲人，生活也发生了变化。我们流过眼泪，经历过蜕变，或许祈祷过世界还能回到疫情前的模样。我们或许变得更加柔软、脆弱，但也一定会变得更加坚韧、勇敢、善良。在那一天到来之前，我们要允许自己伤心，给自己时间自愈，这样才能继续开启新的人生。

好事成双

今天是二月的一个普通的星期二,我辗转反侧,无法入眠。

每逢失眠,我就会拿出苹果平板电脑,看些不会给人造成心理压力的东西。怀旧的话,我就回看一下七八十年代的情景喜剧;若是没那么怀旧,我就看看动画片《开心汉堡店》。我知道肯定会有人说我幼稚,不过,你试试看一集,剧中的搞笑情节一定会让你放松下来。当然,我也承认,这部剧的剧情真是傻到家了。

在二月这样一个普通的星期二,我再次失眠——没想到,今天并不像我以为的那么普通。

我从未接触过命理学,但许多做过相关研究的人都相信"好事成双"的说法,今天刚好是2022年2月22日,星期二。据几位数字命理学家预测,这样的日子不仅可以帮我们反思与爱人的关系,还可以让我们更好地敞开心扉。这一整天我都很忙,所以没太关注社交媒体上对这个特殊日子的各种讨论。到了晚上十一点十一分,我还在床上辗转反侧,于是拿起苹果平板电脑打算刷个剧。我连接上苹果的蓝牙耳机,平板电脑上显示:"这是切莉的耳机"。

可这不是切莉的耳机啊!

切莉就是我的母亲,她早在2020年9月22日就已经去世了,算起来距今已经过去十七个月了。

而且,母亲根本就没有过蓝牙耳机,就算有,她也用不明白。我之所以如此笃定是因为她生病前我给她买过一副操作简单的粉色头戴式耳机(耳机上配有麦克风,戴上去像极了二十世纪初电讯公司的接线员,感觉特别酷)。

哎,扯远了,咱们还是言归正传。

我的蓝牙耳机是在老妈去世很久后才买的,一直用到了现在。

可是,谁能想到冥冥之中母亲的名字竟然在半夜十一点十一分出现在我的屏幕上。

自从买了这副耳机,我一直将其标注为"辛迪的耳机"。究竟是怎么回事?我偏不信邪,从床头柜上拿起手机,把蓝牙耳机连到手机上。没错,这次显示的就是"辛迪的耳机"。

我再次拿起平板电脑,一番操作后屏幕上再次出现了"切莉的耳机"这几个字。

母亲活着的时候一直是个直肠子,看来现在还是愿意有话直说。她一定是看上我的蓝牙耳机了。对呀,现在想想,她似乎从来没戴过我买给她的粉色头戴式耳机……现在我终于明白为什么了。

举一反三：

我不知道为什么会出现这样的状况，也不想知道。老实说，我觉得这很可能是一种奇怪的技术故障，但具体是何原因都不重要。此时的不求甚解是否说明我太过迷信，还是慌不择路、盲目乐观？抑或是太渴望与母亲有切实的互动？或许的确如此，但那又如何？

有一点我很清楚：我一直与故去的亲人保持着某种联系。我在家里建立了祭坛，摆满了他们的照片，想他们时我就在他们的照片前面点燃蜡烛，我会跟他们说话，会仔细寻找他们未曾离去的痕迹。因此我得到了更多的平静和慰藉，我就是他们曾经生活在世上的明证。母亲去世后，我很明确地感受到一种力量的召唤，牵引着我继续与她保持互动。

如果你觉得我说得有道理，那么请你也继续维持和已故亲人的联结；但是如果你不信，那你尽可以按照自己的想法行事。

无论你怎么做，都请你遵从自己的内心，找到一种能够让你感到慰藉、心安的方式与活着或者死去的人交流。

穿高跟鞋的小女孩

打开收件箱，屏幕上出现了一张十四年前的老照片。照片中的我三十出头，满头卷发、一双大眼睛，脸上洋溢着灿烂的笑容，正柔情蜜意地与前男友在灯光昏暗的下东区酒吧幽会。

我的前男友是个法国人，比我年长七岁，是个演员兼制片人，为了工作经常在纽约和巴黎之间来回跑，我们姑且称他"让"吧。当时的我就职于纽约一家时尚公司，如果他有拍摄任务，我就会不远万里飞去法国看他。这段关系很美好，为我开启了全新的世界。但问题也很严重，因为我们的感情非常不稳定。不如这样说更准确：处在那份恋情中的我感觉很美好，极大地开阔了视野，但内心却极度不安。现在回头看，我觉得当时的自己就像一个硬要穿着细高跟鞋走路的小女孩，并不清楚如何处理成年人的恋爱关系，对自己也缺乏正确的认识。父亲刚刚去世两年，我好不容易走出一段长达八年的爱情长跑。我没日没夜地工作，享受着自己作为外来纽约者的身份和生活。

遇到让以前，我对身边的人都不感兴趣，心思都用在了探索纽约这座城市上。我四处探访，深夜去钢琴酒吧唱过歌，在滚石乐队演唱会看过米克·贾格尔的现场演出，参加过美妙的日间鸡尾酒会，体验过各种各样的灯红酒绿。那段日子过得很奇怪，但也很美好。现在回想那段时间——包括我与让的恋情——对我人生的成长产生了难以磨灭的影响。

我与让在一起两年多，这段感情让我对世界有了更深刻的认识，也让我变得更成熟。我不再是那个来自新泽西州的懵懂女孩，我已经长大成人，摆脱了贫困的家庭灌输给我的传统认知。我知道什么是健康的简餐和真正的好酒，理解人际关系的复杂，学会欣赏怪异的艺术，认识什么是真正的美。与让的相识让我接触到了波西米亚的全新世界，各路创意大师游走在各个大都市之间，创造出有趣的作品，享受着不醉不归的盛宴，过着不到中午绝不起床的生活。我不知道他们的钱都从何而来，也不明白为什么有人能过上这样的生活。这个广阔的新世界终于向我这位外来者敞开了大门。在那之前，我一直犹犹豫豫，既想与其保持距离又想被纳入其中。我是一个朝九晚六的上班族，每天穿着体面的衣服，竭尽全力想表现得既有内涵又很炫酷。而在内心深处，我依然是那个穿着细高跟鞋的小女孩，一直茫然地在纽约街头摸索前行。

我与让的恋情结束地很不体面，并不是因为谁是坏人，只是因为我俩透支了那段爱的岁月。本来六个月就该结束的恋情，我们一拖再拖，结局自然不尽如人意。

十四年过去了，现在写到当初分手的那一幕我依然觉得羞愧，简直比情景剧的剧情还要夸张：下班后，我回到我俩新租的西村公寓，发现他的东西都不见了。前一天晚上我们吵得很凶，我的确说过让他搬走，没想到他竟然真的走了。（几个月前，他为了我——为了我们——打包了所有家当，不远千里地从巴黎来到纽约，甚至带上了他的小狗。）我们的分手真的有点不堪，事已至此，我也只能先接受现实，再改变现状。

那段恋情让我养成了自我反思和寻求帮助的习惯，我很快意识到：要想了解别人，必须先认清自己。我花了几年的时间接受心理治疗，在医生的帮助下一把鼻涕一把泪地厘清了人生的困顿，同时也认识到了自己种种行为的本质以及其对我的影响（当然，我很快意识到，让的离开意味着我要自己负担纽约的高昂房租了）。

与让分手后，我又谈了几次恋爱。但如今，我之所以能与我那脚踏实地、深情款款、潮流时尚（魅力无限）的老公过上幸福的日子，主要还得感谢与让的恋爱教会了我如何与爱人相处。①

如果我未能从与让的分手中学会成长，就不可能与伊拉建立开放、交流、忠诚的情侣关系。我年近四十才认识伊拉，当时我俩都在接受心理治疗，都在努力让自己变得成熟。这世上大部分

---

① 如果你也想写一篇文章探讨与前任的关系如何帮助自己成长，正确的做法是毫不吝惜对现任的溢美之词。嗨，你好啊，我永远魅力四射的伊拉！

人都是好人，可即便是两个好人在一起也不一定幸福，这很正常。正是因为在失败的关系中学习、拉扯、受伤、成长，我们最终才能变成有担当的成年人。

我很感谢那个穿着高跟鞋在纽约街头流浪的心碎的姑娘，如果不是她积累的宝贵经验，恐怕我至今还不懂得如何去爱，也不可能与老公过上如此幸福的生活。

举一反三：

分手崩溃、孤独无助、自暴自弃——这些一时的情绪都能够帮助我们更好地认清自己。人生最宝贵的教训和福祉往往都来自痛苦的时刻，面对人生这条充满各种不确定因素的山路，我们只能艰难前行、奋力奔跑、勇敢攀登。我们要多关注人生的重要时刻，好也罢，坏也罢，都可以从中获得最宝贵的教训和福祉。

时间是个混蛋,[①]
千万不要辜负漂亮衣裳

前几天我穿了一回礼服。其实我没有什么重大的场合要出席,但还是穿上了礼服——不是普通的裙子,而是一件拖地的礼服——有精致的口袋设计,还有让下摆更蓬松的衬裙。这件礼服我本来是想在2019年劳动节的周末去英格兰乡村参加朋友婚礼时穿的,结果母亲突然患病,我们不得不取消了行程。当天正值周末,我和伊拉本来要去接母亲出来一起过周末,没想到她突发败血性休克,我们便取消了之后去英格兰的行程。

母亲生病后我每日忙得晕头转向,三年后日子才算恢复正常。现在回头想想,多亏当初及时发现了母亲的病情,让我们主动放弃了很多安排,有幸多了一年与母亲相处的时光。我非常感谢这难得的一年,那是我人生最珍贵的一段岁月。

母亲发病的时间是八月末,之后在医院和康复中心一直住到十月末,就连七十岁生日都被安排在了康复中心。康复中心的墙壁颜色压抑,整体感觉毫无生气,虽然我们已经尽力想要营造出欢乐

[①] 亲爱的读者朋友,请不要因为我的这句粗口影响了你阅读的兴致,话糙理不糙,请你记住,时间真是个混蛋,随时可能带走我们所拥有的一切,我实在想不出有什么好词可以形容它了。

气氛，但实际操作起来真是太难了。让我们欣慰的是母亲还活着，病情也算稳定，之所以还住在康复中心是为了完成服用强效抗生素的疗程。终于可以回家了，母亲简直高兴极了，毕竟家才是她的地盘，只有回到家，她才能活得自在。当然，我那脾气火爆的老母亲在刚住进康复中心时就把那里的工作人员骂了个遍，挨个数落人家不懂规矩，但最后却和他们都成了亲密无间的朋友（这就是我的母亲）。临别之际，工作人员送了她卡片和礼物，叮嘱她再也不要回康复中心了，母亲表示完全同意。

当时，我们谁也没想到接下来的一年会发生什么，母亲下葬那天正好是她七十一岁生日。

对了，我为何要穿上礼服，还给自己化了个精致妆容呢？因为当晚我要参加"大码熟女"的线上聚会。①

我们不知道人生会有多长，不知道病魔何时会来偷袭，甚至不知道能否多陪陪亲人，哪怕只有一天。

过去几年的风雨飘摇让我懂得了很多道理，最重要的一个就是，时间是个混蛋，随时可能给你的人生画上句号。

我知道这话听上去有点老生常谈，但我还是要笃定地告诉你，真正属于你我的只有当下。有一天，等到我们（或是我们的亲人）的生命终结，一切都将失去意义：购置新车、升职加薪、

---

① 大码熟女是我在2019年创建的一个团体，希望你也能加入我们，保证你绝对不会后悔。

出版畅销书、成为街上最闪耀的人等，这些都是身外之物。失去生命，一切都将毫无意义。你会精神崩溃，感觉人生乌云密布，再也无法重见天日；你会彻底否定自己，感觉自己像行走在乱石岗，忘记自己是谁，认不出自己的模样，只能凭借以前的照片搜寻一些模糊印象。

先接受现实，再改变现状。随着日子一天一天过去，你会一点一点重拾过往的自己和曾经的生活。相信我，你一定会痊愈。过程中虽然会有反复，会有后退，但是你最终一定能走出困境。当然，你也会发生改变，不再是原来的自己，这就是成长。我从金缮工艺[①]中悟出一个道理：曾经的破碎可能让你变得更加坚韧、勇敢和美丽。你一定会好起来，生活也会继续。

举一反三：

生离死别虽然痛苦，但是能教会我们珍惜时间。当然，我们

[①] 我在之前的作品《正向思维》中对金缮工艺做过明确的解释："金缮是一种修补残缺器物的工艺，可以简单解释为'用金子修补'。金缮工艺的理念是如果瓷器破损，匠人会用软化的金子或镀金漆将碎片重新黏合起来。这样的修补方法不但没有掩盖裂缝，反而让其更加明显，匠人以破碎的器物为基础打造出了一件全新的艺术品。金缮工艺悦纳了器物的瑕疵和裂痕，同时也教会了我们什么是韧性。瓷器上的每一道裂痕都记录了它曾经的过往，正是曾经的破碎让瓷器变得更加精美。"

不一定非得经历这样的痛苦才能懂得活在当下的意义，如果你真正意识到了人生苦短，你会改变自己的行为和生活吗？你会改变哪些行为？你又会坚守哪些行为？你会改变人生态度吗？道理我们都懂，知道时间不等人，但真正重要的是要养成一种习惯，审视自己的时间管理，只有通过深刻的自我反思和自我意识认知，才能真正领悟"时间不等人"的真谛。

下篇

充盈内心：
学会自处，学会与他人相处

人际关系不但已经成为人类生活的中心,而且必将在我们灵魂深处留下无法磨灭的烙印。如果我们透过人类沟通的滤镜去观察微快乐,就会发现眼前的生活一下子被放大了。要想获得这种感受并拥有更多微快乐,我们就必须对人类境遇的真实情况和细微差别有更加清晰的认识。成长初期,我们对自我和他人复杂性的认知几乎为零,但随着时间的推移,我们会逐渐认识到自身是个矛盾体:既支离破碎又完整统一,既备受呵护又遭人厌弃,既模棱两可又清晰明了,既暴露无遗又有人守护。

人际关系多种多样,知心的朋友、可爱的宠物、至亲的家人、匆匆的过客,每种关系都很重要。如果我们能稍微花上一点时间思考一下各种关系对自身的影响,就能变得更加通情达理。当然,在所有关系中,我们与自身的关系也极为重要,因此更要仔细呵护。

我们与自身的关系并非永恒不变,随着我们的每一次转变、屈从、拉扯、崩溃、治愈、成长,我们与自身的关系也会发生改变。人生路漫漫,有时我们会感觉踯躅不安,有时又会觉得清醒自信,所有的感觉都很真实,之所以我们与自身的关系会变化是因为受到了人际关系的影响。

昨天的生活会影响我们明天的发展,只有学会放下妄自菲薄,只有学会悦纳自身的各种状态,我们才能领悟人生最大的智慧。

我们一辈子会与各种人打交道,过程中会逐渐展现真实的自我，从而更加清晰地认识到人类的共同之处。日常的交流既会彰显我们内心的归属，也会揭露我们内心的不安。

我们或许还可以通过各种互动交往体会到灵魂深处最强烈的微快乐。这样的微快乐不仅能让我们得到提升和教诲，还能教会我们分辨是非，成为心智更加成熟的人。

变形记

那是十二月中旬最寒冷的一天,我的心情异常平静,犹如狂风暴雨过后的死寂。那一年,我过得真是多灾多难,一个好朋友甚至怯怯地问我:"辛迪,你觉不觉得自己被下了咒?"老天,我当然不想自己被下咒,不过我能理解她为什么这么问,那一年我真的太惨了。

终于熬到了年底,熬到了十二月中旬的那个寒冷冬日,没想到我的心情竟然能平静如水。我已经很长时间没活得那么投入了:坐下来没有感到心慌,脑子里不再嗡嗡地响,时隔许久,我终于再次听清了内心深处的想法。身体似乎也跟着松弛下来,肩膀不再僵硬,重新舒展开来,就连目光都柔和了不少。不知道什么力量眷顾了我,那一刻,一切仿佛都回归正常,日子似乎也好了起来。

此前,我经历了太多生死,已经濒临崩溃的边缘。对于一些无法左右的事,我已再无力气纠结。

就在我悲痛欲绝的那段时间,一位多年的好友竟然突然与我断了来往。为此我哭过一回,不过很快就接受了现实。有一次,我正开着车，仪表盘突然无端亮了起来，像被点亮的圣诞树——我没有任何纠结，直接把车开去了修理厂，对方报了价，我二话不说付了款。还有一次，我忘了自己说了什么话，招来一个陌生人的异议，若是放在以前，以我的脾气，我一定会跟对方掰扯，但今时不同往日，我告诉自己不要在意，对方愿意说什么是他的事，我没有必要回应。

我不知道自己为何会变成这样，或许我太累了，没有精力在乎，或许我的灵魂已经超载，大脑已经拥挤过度，所以再也没有精力纠结那些我无力改变的事情。

不管是何原因，我觉得自己变了：我不想再为自己辩解，不想再花精力纠结于无法掌控的东西，包括他人不同的想法和外面糟糕的天气。

之前，母亲一直是我活着的动力：我要把她照顾好，我要做正确的选择，让她为我骄傲是我最在乎的事。现在回头想想，我似乎一辈子都在努力成为母亲心目中的完美女儿，仿佛只有这样才能让母亲觉得她所有的选择都很正确，她所有放弃的都很值得。我一辈子都在竭尽全力让自己做得更好、学得更多，让自己成为有内涵、有眼界的人。

在那个十二月中旬的寒冷冬日，似乎一切都变了。虽然依旧伤心难过，但是内心深处却萌生了一丝释然。我清楚地知道自己终于解放了，从此不必再纠结：我现在这样就已经很好了，不再需要向任何人证明自己。

这种释然是一种难能可贵的微快乐，只有经历过浴火重生的人才能感同身受。苦难过后，我终于了解了自己真正的模样。

举一反三：

　　以我自身的经验判断，生离死别的痛苦很难轻易克服。有些人提出要放下痛苦，恕我无法苟同，我觉得那些都是空谈，不仅不友好，而且可能造成更大伤害。但话说回来，先接受现实，我们会慢慢接受亲人离去的事实，再改变现状，最终我们会走出痛苦，找回真正的自己。

　　你是否也在人生的某个时刻发生了这样的转变？什么样的人生考验教会了你这一宝贵经验，帮助你获得了内心的自由？普遍意义上的人生至暗时刻中，是否隐藏着一些微快乐？你不必急于回答我的问题，可以花点时间好好想想。

我与母亲的日常

成年后的我仍一直保持着与母亲沟通的习惯，我俩每天都会联系，而且不止一次。据我所知，我的朋友中没有人像我一样与家人联系得如此密切。我们家没有什么亲戚往来，就这几口人，无论发生什么事情都会共同面对。母亲常说家人比什么都重要，大多数时候我也深表认同，但也有一些特殊情况。

母亲经常大白天在我工作时发来一些乱七八糟（甚至是危言耸听）的信息，如果我实在受不了，就会提醒她说，我就没见过几个成年人能天天跟父母联系的，难道你还不满意吗？"嗯，"她总是答道，"那是因为她们不是我的孩子，辛迪，她们要是我养大的，我也会有事没事给她们打电话。"厉害！老妈，还是你厉害！

有时她的电话真的会把我惹毛，因为根本没有什么正经事。比如，她会打电话来问我："辛迪，你记得我把痒痒挠放哪儿了吗？上个月你来看我时我还用了呢，你还记得我把它放在什么地方了吗？"我上班的时候，母亲会给我打电话，我跟朋友吃饭的时候，她会给我发短信，问的也都是诸如此类的问题。关键是她还真问对人了，我还真记得她把痒痒挠放哪儿了。厉害！老妈，还是你厉害！

母亲之所以经常联系我们，不仅是为了查岗，也是为了向我们传达天气预报，继而再叮嘱一番，告诉我们增减衣服。她发来的天气预报的短信与我们在手机上能查到的一模一样，唯一的不同是她的消息来源于当地新闻频道。我跟老公都是四十多的人了，母亲还是会给我们发天气预报，而且几乎每天都发，反复叮嘱我们"别忘了带伞"云云。

母亲已经离开我们九个月了。

自她离去后，再也没有人像她那样给我发短信了。我好想念她啊，她的叮嘱、她的天气预报、她的那些不容争辩的想法，还有她每句话里都有种带刺感的本事。短短三行的短信，她却总能大显神通。

不管母亲现在身在何处，我倒是希望她会继续乱放东西，然后再想办法联系我让我帮忙，哪怕只有一次也好。

我每天都在思念母亲。时间这东西真的很任性，平日里拖拖拉拉，说不准什么时候就飞逝如电，甚至让人来不及伤悲。

既然如此，我可不可以换个角度：我祭奠她，讲述她的故事，笑话她的妈妈经——这些或许就是我的悲伤时刻，我对妈妈的怀念既是深沉的悲恸，也是巨大的快乐，纠缠在一起，难以区分。

记忆会永远伴随我们，母亲也会永远活在我的心中。

每次想到母亲的呵护、幽默和有点强势的爱,我的悲伤或许可以得到片刻缓解,但我对她的思念永远都不会停止。

举一反三:

你觉得哪些人会陪伴你一生,哪些关系会长长久久?如果我告诉你事实可能并非如此,你的想法会发生怎样的转变?你能尝试在令你难过、厌烦、愤怒的关系中找到片刻的轻松、柔情甚至幽默吗?① 你能透过表面现象从字里行间挖掘到对方的善意和关爱吗?

---

① 特别说明:有些关系的确无法修复、无法弥合,就算你愿意改变态度、愿意调整状态也于事无补,而且可能带给你更大的伤害。面对这样的关系,你一定要倍加小心。我在上面"举一反三"中提出的建议针对的是那些基于关爱的健康关系。

家门口的友情

在人生最黑暗的那段时间，我和伊拉搬去了新的地方。我们的新家采光很好，总是亮堂堂的，窗外（如《白雪公主》故事中的桥段一般）总能听见鸟儿啼叫，看到松鼠追逐。我们把墙壁漆成了日落的金黄色和珊瑚的橘红色，在家里挂满了夸张的艺术品。大部分时间我俩都待在家里，沉浸在静谧和安宁的氛围之中，那真是一段神奇的美好时光。

虽然很想念住在纽约的朋友，但我和我老公依然庆幸离开了纽约。布鲁克林至昆西区的高速路上的车水马龙，每次出门买菜的长途跋涉，出租车时不时就按响的刺耳喇叭，每个人都能量满满为生活奔忙的状态，这无尽的喧嚣似乎成了成年人生活的底色。

刚刚搬来新的地方，我们谁也不认识。在一个星期一的上午，我闲来无事坐在落地窗的窗台上打发时间，突然听到新安装的门铃响了一声。

原来是朋友给我们订的鲜花到了，好大一捧，色彩浓郁，每一朵都昂首怒放，像是要与我家的明快色彩一决高下。黄色和橘色的罂粟花、大朵卷着边儿的紫色鹦鹉郁金香、点缀着奶油斑点的毛地黄、葡萄柚大小的珊瑚红牡丹，这搭配简直美极了！

眼前的花束令我如痴如醉，送花的人是花店的老板娘，这束花正是出自她的巧手，她一边自我介绍一边欢迎我们搬来这个小区。我竟不假思索地道了句："我们刚刚搬来，感谢你把美好带给我们，要不咱们做朋友吧！"（这是我当时的原话，现在回想起来我也不后悔，一点也不。）

她住的离我们不远，很快，我俩真的成了朋友。

接下来一年的时间，不管四季轮回，我俩一有空就凑在一起，要么喝杯咖啡，要么出去徒步；我俩会探讨各种严肃话题，也会因为一些不靠谱的事插科打诨。她之前也在布鲁克林生活过，沟通之后才发现，我俩竟然有共同的朋友，真是太巧了；我俩还有一个相似（痛苦）的经历，她父亲在我母亲去世的那段时间也离开了她们。冬季最寒冷的一天，我俩出来徒步，她成了第一个知道我被确诊乳腺癌的人。几个月后的某个闷热的夏日，我俩相约共进午餐，坐在遮阳伞下，我跟她分享了自己又有一本新书要出版的好消息（没错，就是你手中拿的这本）。春夏秋冬，四季轮回，她每次办事经过我家都会在门外给我留下一份小惊喜，有时是她在自家园子种的西红柿，有时是她搞活动后剩下的花束。她跟我不同，不太擅长表达，却总是在用实际行动诠释着对我的爱，而我家门口的台阶也就成了我们友情的最好见证。

如此至暗时刻，新冠肺炎疫情在全球肆虐，我还深陷亲人离去的痛苦中无法释怀。冥冥之中，友情竟然悄然而至，神奇地来到我家门口。

举一反三：

人长大后都会觉得交新朋友很难、很尴尬，这很正常。不过你一定要积极主动地敞开心扉，大胆地接受新的友情，接受所有新的可能。当然，过程中你也千万不要忘记自己的诉求。

进化蜕变

最近,我总要不断提醒自己要正视自我。我会寻找一些切实的证据,帮助自己认清经历人生低谷以前的自己,也会尽可能地挖掘、走进自己的内心。我知道人类始终处于进化的状态,所以现在的我与从前的我相比,一定也发生了很多变化。

很多时候,未知的世界会在我们面前呈现出一条让人意想不到的道路,把我们的生活搞得乱七八糟、天翻地覆,让我们处于一种完全失控的状态。

在不到一年的时间里发生了太多事:世界因新冠肺炎疫情停摆,侄子遇害,母亲离世,我和老公搬离了住了大半辈子的纽约。我的二哥突发心衰,在重症监护室苦熬了好几个月,刚有起色的我又被诊断出了乳腺癌。看着镜子里的自己,我仿佛变了一个人,甚至忘记了自己在经历这一切之前是什么模样。一切恍如隔世,我已经不再是之前的自己,又或者我还是?

我变了,我没了母亲(又或者,母亲依然与我同在?没错,母亲一定还在),我没了大侄子(至少这一世我们无缘再见),我们离开了纽约。然而,我依然活着,虽然感觉失去了一些根基，但是依旧好好地活着。

　　进化的感觉很是奇怪，仿佛各种力量从四面八方同时拉扯着我，直至将我撕成碎片，个中滋味苦不堪言。关键是我也无从选择，只能坐以待毙，待一切结束，再将碎片拾起，重塑自我，继续前行。我们一边前进，一边还要愈合伤痛，继而打造更加美好的人生。对，没错，我们需要从头再来。

　　脚下的根基发生了改变，远远超出了我的认知。好在有那么一些瞬间，我还依稀记得曾经的自己，于是，我俯身坐下，充分体会；我开口说话，我放声痛哭；然后我继续前行，一路继续前行。

　　最后，我再安心等待。

　　终于，过去的我和现在的我找到了一条沟通的纽带；终于，我再次找到了坚实的根基。

　　整个过程会有反复，我还会迷失，不过也还会重新找到根基。

　　我明白，我相信，即使发生天翻地覆的变化，我还是可以好好活着；[①]对我来说，这份相信也是一种简单却重要的微快乐。

---

① 此处的"好好"并不意味着我们时刻都能感受到幸福、快乐和勇敢，我之所以用"好好"一词，就是想告诉你，每个人都能走出人生那一个又一个痛苦的阶段。

举一反三：

你知道该如何正确看待顺境和逆境吗？你有什么证据能证实自己的想法？如果有，请你一定牢牢守住。你甚至可以把它们记录下来，带在身上。每次当感觉自己陷入低谷，需要灯塔指引才能走出来时，都可以回溯那些你悟出的道理，只要你抓住它们不放，就一定能走出困境，走向更美好的人生。

我的老公伊拉

我与老公在网上相识。我们把第一次的线下见面约在了布鲁克林的一家咖啡店。我给自己定了个规矩，最初几次约会一定要安排在白天，而且一定不能喝酒。（我不希望自己是因为酒精作祟才迷上对方，而一旦清醒则会兴致全无。）

好吧，我们再说回伊拉。伊拉绝对是个谦谦君子，认识几年后我们便步入了婚姻的殿堂。我们第一次见面是在星期六，下午五点我准时来到咖啡店，约好了跟对方见面认识一下。（我认为网恋并非是真正的恋爱，如果见面后两个人依然愿意交往，那才算是真正的约会，所以第一次碰面只能算是见面认识一下。）

我走进咖啡店时伊拉已经到了。我一眼就认出了他：他上身穿着一件厚重的皮夹克，下身穿了一条合身的牛仔裤，鞋子也很帅气，一看就很有品位、很有个性。我在他对面坐下，他喊来服务员点了两杯茶。

热气腾腾的茶水端了上来，我注意到他旁边放着一个超市的购物袋。我不禁想要知道里面究竟装着什么重要的东西，他非要在初次赴约的路上顺便逛趟超市。我径直开了口，他言语之间充满了自信,他解释说自己到得太早,看到附近有家超市,便进去逛了逛,买了几个过滤水壶的滤芯。(我记得他还买了厕纸,可他始终不承认,说我为了写作效果强行篡改了事实真相。他说得没错。)不管怎样,我始终想不通我这未来的老公竟然在第一次见我时顺路去了趟超市。

伊拉确实是个讲求实际、追求效率的人。

我盯着眼前的男人,整整一个小时,问了他无数个问题,恨不得能径直走进他的内心。后来,我俩起身离开,我心里琢磨着可以跟他去哪儿喝上一杯,继续加深对彼此的了解。于是,我开口问他接下来有什么事,他回答说:"我就直接回家了,今天有点儿累。"哦,好吧。

伊拉的确特别喜欢安静。

第二天,我收到他发来的一则信息,很长(感觉更适合写成邮件)。他问了我很多问题,不过主要是想邀请我当天下午跟他一起去大都会艺术博物馆转转。当天是星期天,我已经计划好要去新泽西探望母亲,所以只能推掉了约会。

伊拉很有创造力,也很有艺术天分。

接下来的几周我们先后见了几次面:一次是我下课后他来到我们帕森斯设计学院接我,还有一次是我们一起去联合广场咖啡店品尝了墨西哥玉米饼(很可惜,那家店没过几年就关门了)。记得还有一次,已经是凌晨一点了,我俩乘坐地铁往家赶,他跟我一起下了车,一直把我送到家门口他才离开。不过,我们之间什么也没发生，他完全没有想跟我牵手的意思，更别说是吻别了。

伊拉，你可真是个奇葩！

之后，我们又见了一面，地点是在布鲁克林理事协会，现场观摩了专家针对《纽约时报》报道的纽约无房居民展开的讨论。活动结束后，我还要赶去日落公园参加一个活动，于是便问伊拉愿不愿意一同前往。"我还是想回家，刚刚听了那么激烈的讨论，我觉得自己的脑子有点不够用了。"好吧，随你便吧。

看来伊拉对我没什么兴趣，一点儿兴趣也没有。

截至那次，我俩一共见了四次面，我也不知道那些算不算是正式的约会，还是他只想跟我做朋友？

星期五晚上，我完成了（帮助一家旧货商店做视觉陈列）志愿者工作后，发消息给伊拉，问他愿不愿意来我家聚会。那天我真的很累，不想再往外跑，但又很想见他，于是想到了这个主意。他来我家我丝毫不用担心，我们公寓大楼非常安全，门口有门卫把守，还有几个朋友就住在附近。他回答得很爽快，说自己一个小时内赶到。

我后来才知道，那会儿他刚在朋友家吃完饭，收到我的消息时正在洗碗，于是立马把餐具扔进水槽，跟大家道了句："对不起，我临时有事，得走了！"

伊拉喜欢跟我待在一起。

我俩在沙发上闲聊了一个多小时，他突然打断我道："我对你一见钟情,你应该知道吧?"我把脸凑近他,他吻了我。

伊拉竟然对我一见钟情!

三年后,在家人和朋友的见证下,我俩在他家老房子的后院举办了婚礼。院子周围种满了树,据说都是家人在他出生后不久种下的。遇到伊拉之前,我从未爱得如此美好、真诚、踏实、温暖。感谢老天让我耐心地等到真爱。

当然,伊拉也深深地爱着我。

举一反三:

亲爱的朋友们,要想等到真爱,一定要有耐心。

崩溃、甜甜圈和冬日晨跑

在我放弃时尚圈的工作整整一年的时候,我迎来了自己三十六岁的生日。生活在全世界消费最高的城市,对未来没有一点儿计划,可以这样说,当时的我一直在靠积蓄度日,甚至已经开始动用养老金账户。(这绝非正路,大家千万不要学我。)为了与外界保持联系,我在家办了一个冥想班,一周一次,不仅能见见人,还能挣点小钱,虽然只是杯水车薪,但总能让我有点事情可做。

当时正值寒冬,每周来我家上课的有五六位女士。她们总是在门口排成一队,脱下大衣、靴子,放下背包,进入客厅后随便找个合适的位置铺好瑜伽垫,然后便开始跟着我拉伸。下课后,大家总是围坐在一起,等着我给她们冲上一杯热乎乎的印度奶茶。那段时间对我来说是种很特别的体验——日子虽然艰难、迷茫,但同时也很神奇。我仿佛在蜕变,在重塑自我。

大概也是那段时间,我和朋友开始在小区晨跑。我并不擅长跑步,但跑步似乎能够给我一丝成就感。一天早上,天气格外寒冷,我整个人都很迷茫,情绪也很低落。当我和朋友跑到距离我家几条街的小公园的时候,我竟失控地开始大哭。我的哭不是那种纽约街头常见的含蓄而安静的落泪,也不是那种周围人看到后会礼貌地回避、给你更多隐私的啜泣,而是那种上气不接下气的号啕,简直丑态百出,最后哭到不得不找个长凳坐下以平复自己的呼吸。(在冬天寒冷的清晨,如果你只穿了一条健身裤,你千万不要坐到冰凉的长凳上。)我泪流满面地看着朋友,抽泣着开口道:"我究竟是怎么想的?为什么要放弃好不容易才建立起来的事业和生活?以后我做什么都无所谓了,我甚至不知道自己还能做什么。"

和我一起晨跑的朋友是个英国人,像我这种在公共场合下毫不掩饰的崩溃令她非常尴尬,琢磨了一分钟才开口回答我的问题。(我想如果不是当时已经哭成泪人,我肯定也会感到尴尬。)不管尴尬与否,我知道我的朋友都是爱我的,这位朋友也是如此。她刚一开口我就知道了,她说:"哎呀,别胡思乱想了,你总能让人对你卸下防备,主动与你交流,这就是你的超能力,有这个本事的人可不多啊!这就是你,辛迪,一切都会好起来的,因为你有这个本事。咱俩接着跑,如何?一直跑到那家甜甜圈店,没有什么难过是一个甜甜圈解决不了的!"[1]

在纽约,随便买瓶水都要5美元,可我俩从健身裤的小口袋

---

[1] 好朋友总是会记得花我们身上发生的事。我在写这篇文章时,很多细节都想不起来了,只能打电话问朋友是否还记得后来我俩又说了什么,结果她都记得一清二楚。

里总共才搜罗出3美元。

不过,老天似乎知道我们的处境,一个新鲜出炉的甜甜圈竟然只需要2.5美元。

我俩加快脚步,一路奔向甜甜圈。洒着糖霜的甜甜圈热烘烘的,里面是甘甜的百香果夹心,咬上一口简直太治愈了,瞬间感觉生活又有了希望。

举一反三:

当我们感到迷茫和无助时,一定要倾听朋友的意见,朋友总是能知道如何抚慰你暂时破碎的心灵。

小猫杰克

我不喜欢猫,更准确地说,我是一个不太喜欢宠物的人。那年我二十七岁,每天通勤去纽约上班,一旦有了闲暇时间就会满世界地转,可以说我当时的状态就是"忙得两耳不闻窗外事"。要说为何会突然留意到一只装在大箱子里的可爱猫咪,那绝对算是一次浪漫的邂逅。

每个周六早晨我都会光顾附近一家百吉饼店,买个奶油芝士百吉饼,然后再让店员帮我切成四块。具体流程如下:

排队等候;
跟店员点我钟爱的百吉饼;
来一杯口感一般的奶咖;
取餐;
回家。

每次都是同样的操作。

直到一个周六的早晨,店主不无炫耀地在店门口放了一个盒子，吸引了一群人围观。

我拿着百吉饼走出店门，也想一探究竟：原来盒子里放着七只小奶猫，简直太可爱了。一时间，大家全都爱心泛滥开始疯狂地抢夺它们，然后就把小猫带走了。带去哪里呢？是自己养还是送人？大家在此之前就已经想好要养一只猫咪了吗？还是说刚好遇见当即做了决定？究竟是什么情况啊？

转瞬间，盒子里的猫咪只剩下两只了，一只是短毛猫，一只是蓝眼睛的长毛猫。

我听到一个小女孩大声地跟她妈妈说要养一只，那位母亲的心思倒很周全，说"要养就养两只，猫咪也能有个伴儿。"

我的大脑飞速运转，不知是什么作祟，我从"两耳不闻窗外事"的职业女性瞬间变成了喜欢上猫的怪女人。我脑子里快速闪现出："我就知道她们会看上那只长毛小猫！我要再不出手，那个小女孩可就要捷足先登了！"

我二话没说，伸手抱起那只长毛小猫，大声向店主道了声"谢谢"，然后就头也不回地跑向了自己的车。我能感觉到身后那些人犀利的眼神，那对母女肯定最是气愤。我只能加快脚步，奔向车子，上了车就听不见别人说三道四了。

可我为何要抢那只小猫呢？！

大家肯定想不到（其实也不难想象），当天我竟然花了整整一个下午试图给猫咪找个下家。我给所有靠谱的朋友都打了电话，结果没有一个人愿意养我抢来的猫咪，就连母亲都拒绝了我。为了找到下家,我甚至去宠物商店给小猪买了一整套装备,结果还是没人愿意接手。

没办法,我正式成了这只喜怒无常的蓝眼睛长毛猫铲屎官(主人)。此时此刻,那家伙正坐在我对面看着我打字,只是现在它的眼睛变成了绿色。

如此算来,我已经收养杰克(那只长毛猫的名字)整整十五年了,它也成了我最忠诚、最热忱的伙伴,我还是会忍不住为它添置各种装备。

谈到微快乐,有些人肯定比我想得通透:这世上没有真正意义上的"做好准备",对宠物、爱人、孩子如此,对机遇、挑战、伤心、痛苦、关爱亦是如此,正确的心态就是兵来将挡,水来土掩。

即使没准备好也没关系,我们要相信"船到桥头自然直"。

正所谓当局者迷,旁观者清。明眼人都能想到,我和杰克会一辈子"相爱相杀",永远也不会分开。

举一反三:

世界瞬息万变,没有人能真正地做好准备。与其为此纠结,不如这样想:当那只猫咪、那个人或那个机会出现在你面前时,你已经做好了准备,新的生活会带给你更多的微快乐。

雪中送炭

以前,我对所谓的"朋友"抱持着近乎完美的苛刻要求:他们应该何时出现,应该如何对待彼此,如何既能做到雪中送炭,又能做到锦上添花。但是,过去几年历经的磨难让我改变了固有的想法。人无完人,每个成年人都有不同的面孔以及多重身份。我的那位初为人母的朋友,或许正苦于适应自己的全新身份;那个刚入职新单位的朋友,或许正在摸索如何才能实现真正意义的成长;还有那个刚刚遭遇生活巨变的朋友,或许已经开始重新审视自己以往的认知……丰富的经历确实能让生活充满新鲜感,但也免不了让人感到复杂和疲惫。既然身兼数职,既然拥有多重身份,我们就只能时刻寻找根基,永远都不能停下脚步。

要想维系友情,我们需要拥有足够的温柔和耐心,对朋友要做到宽容大度。这些说起来容易,但实践起来往往困难重重。

我在走出了人生低谷后突然收到一位知心朋友的邮件。在我最痛苦的那段时间,她并没有联络我,我也没有主动联系她。她突然发来的消息着实在我内心掀起了一些波澜,让我对这世界再次燃起了信心,时隔数年后我终于彻底走出了困境。我像是一个能下雪的水晶球，大部分时间都心如止水，但只要有人摇动，内心就会掀起雪暴。

嗨，辛迪：

我很想你，每隔一两天就会想到你，想到你甜美的笑容，凌乱的头发，亮眼的口红，还有你的开怀大笑。我特别为你感到骄傲：你知道自己是谁，从未忘记初心，你的每一篇文章、每一张照片都能彰显你的态度，无论是对亲人还是陌生人，你都充满了爱心。

真希望能早日跟你见面，讲讲咱们彼此的故事。自从上次见面后，我想咱们各自都经历了很多变迁，我想通过这封邮件告诉你我很爱你，你不知道自己是多么美好的一个人，我相信你周围的人一定都跟我有同样的感受，我希望你知道自己有多么了不起！

你的好朋友

M

友情和人生一样，也会经历潮起潮落，甚至很多友情会随着岁月的流淌从生命中彻底消失。收到她的信之前，我不知道自己还需要这份友情，但事实上，我需要。我们的朋友或许无法做到永远体贴入微，但这并不意味着友情就失去了宝贵价值。有些朋友会在他力所能及的时候出现，带给我们意想不到的温暖。

即使真挚的友情会随着时间发生改变，但终将是我们人生中最宝贵的礼物。我们对他人总会有各种各样的期许，这很正常，如果你还在为此感到纠结，那请你记住一点：我们的朋友跟我们一样，并非无所不能，他们也在夜以继日地努力生活。

举一反三：

朋友是我们的一面镜子，能让我们更加清楚地认识自己；朋友是我们记忆的守护者，人生海海，很多我们忘记的瞬间朋友都会帮我们记得。如果你也有幸拥有几个要好的朋友，就会发现历经了岁月的淳厚友情总会带给你无尽的力量。所以，面对朋友我们应尽可能地做到善解人意、慷慨大度。

感慨万千

以前，我总怀疑自己的感情是不是过于丰富了？体会生活的快乐和美好时，是不是太过细腻了？很多细枝末节的美好都能带给我幸福感，色彩绚烂的花朵、荧光的拖鞋、与陌生人的攀谈、窗外小鸟的啾鸣……我发现自己对美好事物的热情还会感染到身边的人，慢慢地，他们也会因为细微的美好而大发感慨，继而活得更加轻松、更加幸福。

当然，我也会反思相反的情况：当我遭遇到不公、欺骗和冷漠时，我是不是太过义愤填膺了？我发现把情绪勇敢地表达出来（而不是独自一人郁郁寡欢）同样具有强大的感染力。我身边的很多人之前一直都很冷漠，只在乎自己的"一亩三分地"，受到我的影响后，他们似乎也变得更加细腻了，学会了推己及人、感同身受。随后，他们把细微的变化又带给了自己的家人、公司的同事和附近的邻居，大家开始阅读新书交流心得，开始欣赏不同类型的电影，彼此打开心扉，开展了很多艰难但必要的讨论。

老实讲，我不理解为什么有那么多人不愿意表达自己内心的真实感受，难道有问题的真的是我吗？

岁月流转，我慢慢接受甚至开始欣赏自己饱满而丰富的情感——不必像很多人那样为了维持表面的礼貌而压抑自我。其实，我充分表达自己的习惯也给了周围人充分感受情绪的自由。

有些情绪和感受会稍纵即逝，有些则不然（比如我们对不公的愤怒），我们只有让更多真实的想法和情绪浮出水面，才能更好地加以应对，才能走出情绪，成为更好的自己。

举一反三：

当今世界让每个人都活得特别压抑，大家都不愿意表达自身的想法和感受。然而，如果我们想要善待彼此，就要勇于承认自身丰富的情感。即便你尚不能理解其中的价值，但我以我个人的经验向你保证，正视自身感受不仅可以给周围的人带去表达情绪的自由，还可以在彼此之间建立难能可贵的信任。

莱纳德

我搬进了布鲁克林一个非常袖珍的小区,小区里只有一栋公寓楼,据说之前是一家钢琴厂的办公大厦。我第一眼看到挑高的客厅室内和充足的光线时就立马爱上了这套房子。可是,小区里除了我们这一栋公寓楼,其他什么都没有。小区外面的一侧是一个巨大的破旧仓库,另一侧是一家有七十五年历史的制服商店,在那里能淘换到各种制服,从纽约警察制服到学生校服,可谓应有尽有。我在那栋公寓整整住了五年,见证了整个社区的变化。

这里的住户换了一拨又一拨,周围建筑的功能也在不断变化,之前的空地上也开起了一家咖啡店,只有街心花园的那棵无花果树还一直坚守在原地,蓬勃生长着,夏季的各种节日也都有幸延续了下来。年复一年,有一个叫莱纳德的人一如既往地在附近游荡,每次都会穿过我们小区。

我搬进来不久,旁边的仓库就被人买走了。接下来的几个月,我看着大家被迫把自己"宝贵的记忆"一点点搬出了仓库。有人把东西搬进了面包车;有人索性直接把"记忆"扔在了路边,等着收垃圾人的将其收走。我正是那会儿留意到了莱纳德。

看面相，他已年近古稀，身材纤细、高挑，为人谦逊，留着一头花白短发，有一点驼背。他总是穿着一身棕色的衣服，安静地快速穿过街道。路遇了几次后，这一次我终于停下脚步，跟他打了招呼，还向他做了自我介绍。"我是辛迪，就住在那栋楼。我总是见您在附近转，想着应该跟您打声招呼。""我是莱纳德，"他回答说，"很高兴认识你。"就这样，我和莱纳德慢慢成了忘年交。

后来，我听说了很多关于莱纳德的事。

他参过军，退役后一直住在布鲁克林，先后换了很多地方，之前住在附近的出租屋，后来他们那栋大楼拆迁，他却迟迟未找到新的安身之处，只好把所有的家当暂存在了我们小区旁边的仓库。过去几个月，他几次进出收容所，最终决定不再来回折腾，不如守着家当过日子，于是便正式搬进了仓库。（他的行为并不合法，毕竟仓库属于自助服务设施，没有专人管理。）再后来，仓库也被卖了，这次莱纳德连同他的家当一起没了着落，只能继续寻觅新的住处。那会儿正值夏天，我记得他有时会睡在停车场，有时会投奔收容所，洗漱问题都是在附近医院的洗手间解决，没事的时候就在附近闲逛，拿着咖啡一副若有所思的模样。至于他的那些家当，我始终不知道被他放去了哪里。

莱纳德为人很和善，我们很高兴认识了彼此。"嗨，莱纳德，我要去买咖啡，也给你带一杯？"他会抬起头看我一眼，然后笑容可掬地对我说，"你今天过得如何？"偶尔有几次，我跟他打招呼时他会忘记我是谁,我就再重新介绍一下自己;大多数时候,我们俩都相谈甚欢,一副早就认识的架势。(我们常常一聊就聊上十几分钟,但我总觉得他根本记不住我们都说了什么。)后来,我未来的老公经常来我家看我,我把他也介绍给了莱纳德。

有一次,我行色匆匆地穿过正在施工的脚手架,一路朝着地铁站狂奔,突然看到莱纳德,我随口喊了句:"嗨,莱纳德!你最好别抽烟了,对你的身体不好!"他微笑地回应道:"我知道,我知道,你怎么样啊?看你拼命赶路的样子,你是没钱了,忙着去挣钱吗?"他一边说一边掏出一张二十美元的纸币,执意让我收下。这就是莱纳德,或许经常忘记我的名字,但却总是愿意向需要帮助的人伸出援手。我自然不会把钱接过来,但他却不死心,迟迟不肯放我走。

那之后不久,我租住的公寓楼也被转手了,于是我搬去了另一个小区。搬走前,我又见到莱纳德几次,告诉了他我要搬家的消息,还说了具体的位置,希望有机会还能跟他见面。他依旧满脸笑容,跟我说:"嗯,是呀,你要搬去的那个小区特别好,我有时间会过去遛弯儿的,一定能见到你。"

两年后的一天,我和老公走在富尔顿大街上的时候,突然留意到长椅上坐着的一位老者,上身穿着军绿色运动衫,下身是一条肥大的运动裤,那不是莱纳德吗!见到他我太开心了,大声喊出了他的名字。他抬头看着我,带着大大的笑容:"哎呀,是你啊！你最近怎么样啊？你的新小区如何？你适应吗？"几年过去了，莱纳德竟然确切地记得我小区的名字，莱纳德就是莱纳德！我们聊了十多分钟，他说的很多事以前我都听他说过，虽然没有什么新消息，但我至少知道他现在过得还可以，那就够了。

我认识莱纳德已经有很多年头，我从没见过他跟别人聊天。每次在小区见到他总能给我一种亲切感，对我来说这就是一种快乐，希望莱纳德也有同感。

无论生活在大都市还是小村镇，我们每天都在忙碌于探索一个又一个未知的世界，因此很容易对周围的人熟视无睹，对于一些经常见到的人，甚至不会想着停下来打声招呼、寒暄两句，仿佛完全忘了对方也可能是个有故事的人。其实，他们确实有故事，每个人都有故事，只是都被我们忽略了。与莱纳德的忘年交是我此生又一珍贵的微快乐。

举一反三：

生活中你有没有一些经常见面却从未打过招呼的人？你会主动开口跟对方介绍自己吗？你可以先讲讲自己的故事，就会发现分享彼此的经历这件事非常重要，仿佛给你配了一副滤镜，让你可以用全新的视角看待这个世界。

放慢脚步

如今的我,终于学会了放慢脚步。

戴着彩色围巾,穿着高腰牛仔裤,我内心充实,怀抱着深沉的想法、远大的理想以及各种蓝图。我喜欢思考,没事就爱畅想——自从搬离纽约,我多出了很多独处的时间。

有时,我也会怀念昔日那日程排得满满的生活;有时,我也会眷恋步履匆匆地赶飞机、赶饭局以及各种赶场的日子;有时,我也会盼着跟朋友随便在某个星期二的晚上相约喝上一杯,店家不打烊我们绝不散场的时光;有时,我也会想起有些服务员会时不时过来看看我们,虽然也盼着早点下班,却还是由着我们惬意地把酒喝完。

有时,我的确会想念那样的生活,但也只是有时而已,因为我实在太累了。

十六岁起,我就一直打着两份工,大学期间更是周旋于多个兼职之间。二十一岁,我有了自己的事业,一边周游世界,一边在职场奋进,个人的生活却过得一塌糊涂。三十五岁,我先后换了几份工作,直到三十七岁,我才真正地找回自我。临近四十，我终于找到了另一半，步入了婚姻的殿堂。四十一岁，我考虑过生个小孩，但又有点惧怕怀孕（毕竟年纪不小了，我真的愿意忍受巨大的痛苦，在自己的身体中孕育另一个生命吗）。就这样，我长到了四十二岁，那一年，我的世界彻底坍塌了。

如今，我四十四岁了——还算年轻，但却被生活的重担压得驼了背。我真的太累了。

辞职后，我一门心思想着要重塑自我，要打造一个辛迪"2.0"。后来，我发现升级版的辛迪没费什么气力就出现了，因为她就是曾经的我。

我似乎从未停止过奔跑的脚步，一直都在渴求接纳，寻求归属，一直都在路上疲于奔命。我奔跑着逃离曾经的世界，竭尽全力想要摆脱贫穷的过往，虽然已经跻身于富人的圈子，却仍在学习财富的意义。作为黑人混血的我，生活在白人的世界得处处小心、时时在意。周围的世界充满了各种矛盾，我不得不随机应变、随方逐圆。

如今，我终于学会了放慢脚步。不再风风火火，不再急功近利。在我做好准备再次奔跑之前，我会好好走路。我知道有一天自己还是会跑起来，因为我喜欢奔跑的感觉，但现在，我必须塌下心来好好走路。

举一反三：

现在的你，或许还不需要慢下脚步，即使你已经在走路，与我的情况或许也大不相同。但是，只要你也感觉自己需要慢下来，需要寻找自己的灵魂，不管采取什么手段，你都要尽快开始探索之旅。又或者，你已经走了太久，真心想要加快脚步，尝试一下慢跑，甚至直接撒丫子跑开去，那你就尽管提速吧。不管怎样，有一点你要想清楚：你的奔跑并不是为了"与他人攀比"，而是为了适应自己的节奏。

家居裤的魔力

前两天下了一场大雪，周末我和老公一直穿着暖和的卫衣和家居裤猫在家里。家里并不冷，我只是觉得穿着居家卫衣或毛衫非常舒服。那个冬天，我整个人一直很倦怠，不想花心思去想该穿什么衣服，也不愿意顶着寒风出门，最多就是到门口取一下快递，买的大多数也是些没用的东西。

伊拉跟我不一样，他是典型的明尼苏达人，非常好动，不管天气有多恶劣，每天必须出门走上几千米。只要出门，或是只要家里有外人在，他肯定会穿上牛仔裤或是户外裤——除非晚上十点后家里只剩下我们两个人，否则他绝对不会换上舒服的家居裤。他对这个习惯非常执着，哪怕只是出门倒个垃圾，也不允许自己穿着家居裤。他的家居裤其实非常时尚，蓝靛色的扎染图案完全可以穿出门见人，可他坚持说家居裤只能在家里穿，对此我很是不解。新冠肺炎疫情期间，我们搬到了郊区，从此，我彻底放弃了那些"板人"的衣服和鞋子，还添置了不少平底鞋：有冬天穿的羊毛拖鞋，也有夏天的皮凉鞋。

这天晚上，我一个人坐在客厅，一边惦记着世界和平，一边看着《黄金女郎》的回放。我突然意识到自己半天没见到伊拉了,说是半天,其实也就半小时而已。我们家不大,只有两间卧室,想要长时间见不到彼此并不容易,毕竟没什么地方可去。我多少有点担心,于是便掀开腿上的毛毯,站起身一探究竟。

原来他在卧室,房间里灯光柔和,他偎在床上,蜷着腿,穿着粉色旧T恤、家居裤和羊毛袜。(现在才八点,他不该是这副装束啊!)小猫杰克懒洋洋地躺在他身边,另一侧放着一个马克杯,里面好像盛着波旁威士忌,旁边是一本翻开的书,支撑着他的手机——我也不知道他在干什么,他怀里竟然还抱着iPad,屏幕上幽幽地闪着黄光。

看着眼前的他,我顿时感受到了家的温暖。他戴着耳机,完全投入在正在播放的电影(很大概率是部烂片[①])上,完全没注意到我在偷看他。我去客厅拿了手机,折返回来拍下了眼前的这一幕。你知道的,留下证据总是好的。

举一反三:

过去十年,我养成了用手机或日记本记录日常生活的习惯。

---

① 伊拉在很多方面都很有鉴赏力,但选电影的眼光着实让人不敢恭维。虽然他偶尔也会给我惊喜,但大多时候都让我很无奈。他本人对此也心知肚明,没有一点心理负担。

每个瞬间都承载着逝去的岁月,每个时刻都蕴藏着不可复制的宝贵回忆。每次想要回顾过往,我都会翻看自己之前拍摄的照片和记录的文字,虽然有很多瑕疵,但却总能带给我无尽的美好。

你有没有喜欢的记录日常的方式?你可以把它们画下来、写下来、拍下来,或是录个音,甚至还可以给朋友发个信息——方法太多了,你要做的就是找到适合自己的手段。

神龙见首不见尾的父亲

父亲与我们几个孩子的关系一直很微妙,但因为我是家里的老幺,所以他对我要比对两个哥哥用心很多。

他总爱管我叫甜宝儿,动不动就说我很特别,说我一直是他的骄傲。这话他不仅会跟我讲,也会跟外人念叨。老爸出生在北卡罗来纳州,虽然大半辈子都生活在北方,但骨子里却一直是个乡下人,说话总是带着浓重的南方口音,连我的名字都说不清楚。明明知道我叫"辛迪",偏偏每次都要喊我"悉尼"。我每次都会不留情面地挪揄他的口音,他倒是乐在其中。

我和父亲的性格迥然不同,我很佩服他无牵无挂、气定神闲的样子(家里的大事小情都由母亲操办,父亲就是一个甩手掌柜)。不管怎样,我们毕竟是家人,始终是血浓于水。小时候,我并未意识到父爱的缺失,所以很少跟他计较,我猜老爸对此应该感到很庆幸吧。

在他弥留之际,我是他唯一主动联系的家人。我想他是觉得跟我说自己气数已尽,我不会数落他吧。他肯定认为承认自己要死了很丢人,也会让我们难过。然而有次我没有如他的愿,当时的场景如今仍历历在目。那天,我刚坐进自己焦糖色的日产新车美伦奴中,就接到了父亲从医院打来的电话,他语气坚定地说:"甜宝儿,老爸要死了。"我让他不要胡说八道,我接受不了。他听了我的反应,马上跟我道了句"对不起"。

一个月后,我收到了父亲去世的消息。那时正值新年伊始,我迎来了自己的二十八岁。

父亲去世的一年前,我的一个朋友劝我参加了一个(特别玄乎的)心理自助论坛。其间的一项活动是让我们原谅生命中的什么人,具体的操作方法是给对方打电话,指出其所作所为的不当之处,然后告诉对方自己已经冰释前嫌。当然,具体的过程要比这复杂得多,但大概思路即是如此。晚上十点,我拨通了父母家的电话,接电话的是老妈,我说要找老爸。老爸接过电话后我开口的第一句就是:"我原谅你了,老爸。我知道你已经尽了最大的努力。"他肯定被我突如其来的感慨搞得一头雾水,应声道了句"好的,宝贝"。他什么也没问,就说了这么一句。

我想他内心深处知道我在说什么,我原谅的是他的酗酒成性,是他的成天不着家,是他作为父亲存在的太多问题。可是,说一千道一万,我依然深爱着他。

父亲虽然只有初中学历,动手能力却很强,什么都会做。旧的马桶被他一改就变成了漂亮的粉色花盆,成了我家院子的点缀;麦当劳儿童套餐攒下的各种小玩具被他颇具创意地摆在楼梯侧面的玻璃缸里,俨然成了一个动物世界;随便捡来的木条被他在泳池边搭起了一个小棚子,成了我们的临时更衣间;各种老酒让他兑在一起,瞬间就变成了最浓郁的威士忌。(最后这件事我并未亲眼见证,据说味道很像是电瓶水,但他和他的朋友似乎很喜欢,总是欢声笑语畅饮到天亮。于是,我凭空想象出了他的这项技能。)

虽说老爸总是行踪不定,但他像极了一个无所不能的魔术师。我会一辈子感谢他,虽然他有这样、那样的问题,但毕竟没有他,这世'就不会有我的存在。

举一反三

人与 之间的关系可能非常复杂,了解自己内心真实的感受也并不容 ,而厘清与父母的关系更是难上加难。当然,这也不是完全 能。长大成人后,我们会在社会中慢慢找到自己的定位,也能 加正确地看待自己与他人的关系。我们可以借助各种外界的 原,比方说心理咨询,来帮助梳理内心的感受,勇敢地放弃那 对成长不利的情绪,学会接受无法改变的事实。

我 想给你造成任何错觉,我并不是什么关系大师,对你的人际关 也不是很清楚。但经验告诉我,我们根本无法改变我们的亲人 只有放弃纠结,才能获得无限自由。

的父亲总是神龙见首不见尾,他爱骑着破自行车(而不是开着 子)在城里瞎晃荡。除了我们几个兄妹,他好像还有其他孩子。那又如何呢？他始终是我的父亲，是我最近的亲人，从他身上我懂得了无论是物还是人，都会有自己的用武之地的道理。他告诉我咬牙坚持时要举重若轻，要面带笑容。父亲并不严厉，或许正是因为他，我才练就了一身在生活中发现小幽默和微快乐的本领。

每一次的家庭聚会上，我们只要聊到父亲的传奇故事和他那双能化腐朽为神奇的巧手，在场所有人都会开怀大笑。纵然父亲有很多问题，但谁能否认他是上天给予我们的礼物呢？

躺椅上的奇葩夫妇

我和伊拉特别喜欢那种放在草坪上的复古躺椅——框架是结实的铝合金材质（但坐上去感觉并不牢固），上面整齐又紧实地缠着一道又一道彩色尼龙绳，不用时可以折叠收起。友情提示：如果太阳太大，别忘了用什么东西盖上躺椅的金属扶手，否则胳膊搭在上面瞬间就会脱掉一层皮。当然了，没人愿意受伤，但为了满足我的复古情结，偶尔受点小伤也没什么。我们为何会对这种躺椅情有独钟呢？因为它们能带给我们一种久违的平静。看着它们，我会本能地让自己的生活节奏慢下来，我会拿起一本书，躺在上面，一边品尝冰凉的柠檬汁（偶尔还会加点波旁威士忌），一边沉浸在书的海洋里。

自从搬到郊区，我和老公就一直在寻找这种复古的户外躺椅，最好不要太贵。最终真让我们找到两把，它们的颜色很搭，一把是灰白相间，另一把是白绿错落。虽然与我们预想的颜色色不太一样，但两把椅子放在一起效果十分惊艳。椅子是我俩在附近的小镇上淘来的，卖家是位上了点年纪的男士，躺椅是他父母的，之前一直放在仓库里。我们聊了一会儿，然后便把躺椅安置在了车上，开上车，载着这对老古董朝着夕阳的方向一路驰骋。

我俩热情高涨，但却忘了一件很重要的事，我们家根本没有草坪，甚至连个院子也没有。如果有的话，至少能让我们一边悠闲地坐在椅子上看书，一边时不时地跟路过的邻居打个招呼。当然，我们可以带着它们去公园或是海边，但最初之所以买它们，就是想放在家门口的草坪上。

经过一番纠结，我俩最终做出了一个大胆的决定：虽然住的是公寓楼，我们也要把躺椅拿到楼前的草坪上，躺在上面享受久违的安宁。如果有人觉得我俩是奇葩，就由他们去吧，反正我们不介意。

就这样，周日的午后，我拿着自己夸张的大草帽，拖着躺椅——连同报纸、几本好书、两罐冰饮——来到了公寓大楼前面的公共草坪上。（戴帽子真是一举两得，既可以遮阳，又可以遮脸，就算有人觉得我是奇葩，因为有帽子遮着，他们也不知道我是谁。）在纽约城，土地绝对是紧缺的资源，所以有人坐在自家门廊前放松不仅难得一见，甚至会引来艳羡。但郊区就不同了，小区里一排排的都是豪宅，我们这样明目张胆地坐在公共绿地上着实有点不得体。不过，我俩还是硬着头皮坐了下来，而且还坐了整整一下午。虽然遭遇了路过司机的异样眼神，但也引来了遛狗邻居的攀谈。最后，我们甚至又搬出来一把椅子，邀请了一位邻居与我们同坐。我们三人开了一瓶红酒，意犹未尽地聊到了天黑。

复古躺椅不仅让我们感到舒适放松,还满足了我们的归属感和怀旧情怀。

躺椅上的奇葩夫妇一定会长命百岁,希望我们都能结识这样的人,培养出这样的人,成为这样的人。

举一反三:

仔细想想,当众躺在躺椅上确实略显尴尬,但那的确是一种美好的体验——不如你也去买一对户外躺椅?真的特别有用:如果你想开始一段感情,那就找个志同道合的人,找个愿意在你旁边安置一把躺椅跟你一起搞怪的人吧。不要让别人的想法妨碍你对世界的探索,不要让别人的态度搅扰你的心情和乐趣。你要勇敢探索各种小刺激,因为可以从中获得各种难得的快乐。大胆地去买一对户外躺椅吧,你家有没有草坪根本不重要。

你快乐，所以我快乐

很多年前，我看百老汇的《Q大道》时学会了一个德语词——schadenfreude，大概的意思是幸灾乐祸。实话实说，大多数人都会有类似的心态。比方说，当你听到一个非常差劲的人什么计划泡汤了，嘴角就会不自觉地上扬（他活该，不是吗）；看到电视上播放那些"倒霉蛋儿"的视频，心里会产生一种莫名的满足感（当事人究竟在想什么）；看到别人遭遇不幸，我们会非常丢脸地道出一句"感谢上帝，幸亏不是我"。这种幸灾乐祸的心情自然不值得骄傲，但不可否认，这是人类一种非常本能的感受。

先接受现实，再改变现状。

人性真是既讽刺又美好。我最近又学了另一个德语词freudenfreude，可以宽泛地翻译成替他人开心，即你会因为别人的成功和快乐而感到喜悦。

这种感觉也太美好了吧？

这个词让我豁然开朗，没错，虽然我还是会有幸灾乐祸的时候,但见证别人的快乐,也会让我感到痛快,看到他人幸福,我也会为其开心。想象一下,好朋友激动地跟你分享她好事将近;小孩子见到喜欢的人咧开小嘴,露出还没长齐的牙齿;陌生人在时代广场求婚成功。看到这些,你怎么可能无动于衷,怎么可能不欢喜?

快乐、善良、慷慨,这些特质都极具感染力,怪不得"你快乐,所以我快乐"成了我的常态。另外,(虽然尚无科学考证)替人开心的好处真的很多:能让我们的皮肤焕发光彩,能让我们的友谊地久天长,就连我们的牙齿都会变得更亮白。(对不起,最后一点着实言过其实了。不过,没事多咧嘴笑笑,总没有什么坏处吧?)

人的一生大多处于一种平衡的状态——但是,如果我们实在难以实现平衡,我希望天平能向快乐的一边多多倾斜。

举一反三:

如果有人分享,快乐就会被放大,进而感染到更多的人。如果你发现自己也会因为亲人、朋友甚至是陌生人的快乐而感到欢愉,那一定要想办法让自己沉浸其中,充分感受他人的快乐,怡情悦性的同时你真的会不自觉地喜上眉梢。

当然了,如果你始终无法从他人的快乐中感到快乐,那也没有关系,人生不必强求,最重要的是你的内心,千万不要为了一些不由衷的快乐而给自己增加额外的负担。等有一天你能对别人的快乐感同身受，就会体验到与人同乐的欢喜。每个人都有幸灾乐祸的时候，我只是希望我们能更多地感受到"你快乐，所以我快乐"的心情。

凌晨三点的陌生访客

我的二哥终于大病痊愈了。他为了犒劳自己,脚上的石膏还没拆就跑出去度了个假。谁想到返程又遇到了麻烦,原本三小时的航班,延误了整整十三个小时,一而再、再而三地推迟,最终还是被取消了。乘客都被安排搭乘了别的航班,飞抵到了别的机场。总而言之,经过漫长的十五个小时的折腾,二哥的航班终于在一个小的不能再小的机场着陆了,着陆地点距离他的目的地还有至少两个半小时的车程。当天是他的生日,飞机于凌晨两点着落,现场一片混乱。他和另外八十九位乘客一脸茫然,簇拥在机场大厅,现场只有两个工作人员。这个时间,根本找不到交通工具,只能等到天亮再说。我刚刚说过了,当时是凌晨两点,当天又是他的生日,这也太惨了吧。

母亲走后,我跟两个哥哥走得更近了。或许正是因为这个,我成了凌晨两点收到二哥短信的幸运儿。被短信的提示音惊醒后,我第一时间给他拨去了电话。时间实在太早了,很难约到车。我和哥哥双管齐下,我在这边帮他约,他在那边也没放弃。我用约车软件一番操作后,终于帮他约到了一辆专车,司机表示可以立即去接他，于是我赶紧按了预约键。我激动地给哥哥打去电话，告诉他终于可以脱身了（说得好像我在帮他越狱似的），没想到电话那头的他竟然开口道："小妹，这辆车不行。我刚认识了一个人，一路上他一直帮我搬行李，我不能丢下他不管。我想跟他一起找车去纽瓦克机场，他的车停在了那边。"我听了非常不解："不行，绝对不行，现在是凌晨两点，我好不容易帮你叫到一辆车能把你接回我这儿，你赶紧收拾东西，别再磨叽了！"我俩经过一番唇枪舌剑，最终我忍无可忍，先挂了电话。只是……

我跟母亲和哥哥一样，特别容易动恻隐之心，我知道哥哥做得没错。于是，我又给哥哥拨了回去，说他的新朋友也可以跟他一起来我家，然后再从我这儿叫车去纽瓦克机场，反正也不太绕路。没过几分钟，哥哥把电话打了回来，说他的新朋友不来了，那人还有自己的几个同伴。老天，我总算不用半夜三更接待陌生访客了。

然而，我高兴得太早了！

哥哥再次打来电话，说他顺路带了另一位上了年纪的同行乘客。我赶紧起床准备迎接哥哥和陌生人。那位长者表示不能白搭我约的车，非要给我钱，我自然不能收。为了表示感谢，他想邀请我和老公去他妻子开的公路酒吧喝上一杯。要知道，去那儿一趟，单程就十五英里，到那儿天都快亮了。竟然还有这样的邀请，真的很奇葩。

我终于回到床上，老公也差不多睡醒了，我一边给他讲述我的奇葩经历（包括陌生人的来访），一边忍不住大声笑了起来。简直太荒唐了：我哥哥经历了几年病痛的折磨，终于有机会出门度了次假，返程却在自己生日当天被困在机场。老公再次进入梦乡，我继续回想着这一夜的荒唐经历：凌晨三点，我身穿睡衣，睡眼惺忪，竟然接待了一位八十五岁的陌生老者。

我又累又困，但整件事太好笑了。我突然想起前两年自己内心的痛苦和绝望，忍不住笑着道了句"哥哥给我造成的不便为何如此荒唐，又如此欢乐啊！"

举一反三：

生活在这样一个混乱而奇妙的世界，我们只要愿意转变思路，一切都会变得更加美好。

如何带领团队

我三十来岁就成了一家时尚公司的经理，手下带着一个优秀的团队，顶头上司也很有水平。（如今，卸下滤镜仔细回想，当时我的一位领导并不喜欢我，处处挑我毛病，害得我一度非常怀疑自己的能力。后来，随着经历的事情越来越多，我慢慢找回了自信，也消除了自我怀疑。）

我所带领的产品研发团队有很多的工作内容，包括原材料的采买。这项工作表面看起来容易，但实际上非常烦琐，需要多方协调、关注细节，这些恰恰是我当时的短板，而我自己还毫无察觉。

一天，领导打电话叫我去她的办公室。一向任劳任怨的我自然不会耽搁。她让我把门关上，我坐下来，看着四周的玻璃幕墙，觉得我俩像是养在鱼缸里的鱼。

她摘下名牌眼镜，放到桌上，直勾勾地看着我，目光虽然温和却非常直接。我们团队犯错了，而且还给公司造成了约三万五千美元的损失。三万五千美元啊！我完全不知道是哪里出了问题，所以也无从解释，但作为团队负责人，我肯定脱不了干系，造成三万五千美元的损失就是我工作的失职。

眼泪先是在眼里打转，然后很快就流了下来，看来我要被解雇了。我坐在那儿一直哭，领导半天也没什么反应。终于，她递给我一包纸巾，问了我一个简单的问题，"你哭完了吗？"

"嗯，应该哭完了吧。"我模糊不清地说出自己的想法，大概意思就是："我很抱歉，虽然我还不清楚问题出在哪里，但作为团队负责人，我有不可推卸的责任，出现这样的错误，我真的十分抱歉。"

对方的回答依旧简单明了："挺好，我相信你。"

挺好？挺好？我在她面前哭得像个泪人，在开除我之前，难道她就只想跟我说"挺好"吗？

"我不知道您说'挺好'是什么意思，接下来公司会如何处置我？"

"嗯，你很有才华，带领的团队也很优秀，技术都很过硬，你是一个很棒的经理，我就是这个意思。你们以后还会犯这种错误吗？"

这次我的回答也很直接明了："不会，绝对不会了。"

"很好，你要是没什么想说的，咱俩今天的谈话就到这儿。"她再次拿出了斩钉截铁的语气。

事情果真到此为止了，事后公司没再提起此事，也没有对我进行任何额外的监管或评估，我又可以自信地开展工作了。

我在公司又工作了几年，我的那位领导最终做到了副总裁的位置。工作期间，我申请了一个知名的研究生项目，没想到竟然入选了。不过，这意味着我有一段时间得在巴黎、中国香港、纽约之间来回跑。她听说后，先是恭喜了我，并说她为我感到骄傲，而后还交代公司帮我支付了大部分学费。从她身上我学到了很多东西：如何开诚布公地与人沟通，如何审时度势地领导团队，如何提升团队的实力和凝聚力。只有这样，他们才会在我留学期间帮我守住大后方。毕业时，我被安排在行业大佬面前汇报论文。机会十分难得，只有三个名额。我站在前面汇报时，看到她坐在听众的最后一排，看到我多年的努力开了花、结了果，她也绽放出了欣慰的笑容。

我始终没有忘记她对我的信任。她知道那点损失公司完全有能力承担，因此没必要对我横加指责、一再警告，如果这样做于我和公司一点好处都没有。我犯了一次错误，以后不会再犯了。她选择相信我，也相信我的团队。因为她的信任，我也学会了相信自己。同样的错误，我的确没有再犯，其他错误也没怎么出现过。

后来，我离开了公司，但仍一直将她视为人生导师，现在我们已经成了要好的朋友。

举一反三：

身在职场，我学到的最宝贵的经验就是我的那位领导身体力行的表现：要给予同事足够的尊重，顾及对方的尊严，这样他们才会竭尽所能地为你效力。工作中要实话实说，也要说到做到。找出错误，解决问题，不要把人一棒子打死，要给人成长的空间。谈话沟通很重要，但有时话越少，效果反而越好。

结　语

一时之智

每一种感受仅代表你当下的心境。

所有令你纠结、放松或欢愉的时刻，最终都会成为过去。

好事也罢、坏事也罢，黑暗也罢、光明也罢，正义也罢、不公也罢，一切都稍纵即逝，终会成为过眼云烟。

此时此刻终将成为过去，
懂得这个道理，你才能活得通透从容。

——辛迪·斯皮格尔
《正向思维：记录日常的灵感书》《智慧和勇气》

我用了整整一本书的内容诠释了一个道理：日常生活中发现的快乐将彻底改变我们的人生。快乐无处不在，踌躇满志时有，漂泊迷茫时也有，痛苦悲伤时有自在放松时也有，大起大落时有，平静似水时也有。即使是喜忧参半的快乐，它的感觉依旧妙不可言。

即使生命千疮百孔，我们也要不负韶华地好好生活。体验狂野、简单、美好的快乐是我们与生俱来的权利，更是我们活着的意义。

我们在前面讲过，快乐和悲伤总是如影随形。人只要活着，就必须接受痛苦，人生海海，你会面对各种体验，产生各种情绪和感受。虽然痛苦无法避免，但只要可能，我们就要选择希望和快乐，就要永远在追求希望和快乐的道路上求索。

微快乐教会我们一个道理：人的一生，什么事情都可能发生，但无论如何，我们都能从生命中找到快乐和希望，收获抚慰心灵的欢笑和消除烦恼的惊喜，拥有宝贵的记忆和美好的瞬间。即使临近深渊，我们也应该保持感受快乐的心境。

人这一辈子，或许会遭遇极度的绝望和伤心，但也会体验到心花怒放的惊喜。每个人都会有痛苦和难过，甚至是绝望，让人感觉宏大而美好的生命只会令你不堪重负。而事实并非如此，我们仍然可以继续前行，一步一个脚印地走出困境，终有一天你会认识到快乐才是你应得的人生。到时候，我们要继续大胆地追寻微快乐的人生，发现生活中的美好。只要愿意用心体会，美好的生活永远都不会抛弃你我。

我在撰写这本书的那段时间,可谓经历了人生的大起大落,也让我见识到了微快乐的巨大力量。只要我们不放弃希望,只要我们懂得转变思路、积累经验、学会适应、提高意识,就一定能获得更多的微快乐。微快乐与金钱、地位、教育水平、自身完美不完美以及外人对我们的评价一点关系都没有,任何人都可以拥有属于自己的微快乐。

未来,我们的生活也不可能一帆风顺,注定还会面对惊涛骇浪。但现在我们已经学会了"先接受现实,再改变现状"的思路,所以始终都有权利感受生活的快乐、幸福和美好。每个人都有巨大的潜能,都能在生活的细节中找到快乐。即使一时间找不到,也请你相信:只要有足够的耐心和时间,我们终将找回自信和快乐。

在那之前,我们可以静静等待,也可以仔细聆听,可以快乐舞蹈,也可以放声哭泣,可以放慢脚步,也可以趔趄摔跤,我们永远可以爬起来,掸掉身上的尘土。时间可以治愈一切,我们终会重新站起来,继续美好的生活。

无论经历了什么,我们都不要放弃希望。

请允许我向我亲爱的读者朋友表达最真挚的感谢,写这本书的过程给了我无限的希望和抚慰,我有过开怀大笑,也有过泪流满面,无论如何我都会走出阴霾,重获内心的平静。这本书让我百感交集,通过梳理书中的故事,我再次找回了属于自己的快乐。

我真心希望我的文字也能带给你同样的启迪,你要明白,不论你是谁,无论过得如何,都可以拥有充满希望的快乐人生。

为此,我将永远心存感激。

致　谢

首先，我要感谢我的经纪人温蒂·舍曼（Wendy Sherman），感谢你相信微快乐的智慧。我还要感谢企鹅集团的生活书籍团队，感谢你们对我的信任。特别是玛格·韦斯曼（Margaux Weisman）、艾米·孙（Amy Sun）和梅格·莱德（Meg Leder），感谢你们鼓励我把只言片语的想法变成了能够影响更多人的作品。

我要感谢我的老公伊拉，感谢你给予了我生命的港湾，你对我的深情①是我大度自信的力量来源。谢谢你成为我的另一半，我爱你，非常爱你。

我要感谢我的父母，谢谢你们教会我接受自己，爱护自己。谢谢你们告诉我要充分表达自我并在日常中寻找幽默。谢谢你们让我懂得如何从园艺及变废为宝的操作中找到快乐。（当然，捡来的东西也存在一定的安全隐患：千禧年之初，我捡过一把别人

---

① 即使在我情绪失控训斥家里的小猫不安分时，你也能保持深情款款。谢谢你从未减少过你对我的爱。

扔掉的椅子，没想到生了虫子，带给我的不仅是赶杀不尽的蟑螂，还有万般无奈的心碎，简直不堪回首。）老爸，老妈，我对你们的爱无法用言语形容，对你们的思念也永远不会停止。

我要感谢我的两位哥哥，谢谢你们无私的关爱、荒唐的幽默感和磨磨叽叽讲故事的本领。即使面对生活的无情和残忍，你们依然能够保持坚强，是你们给了我勇气让我完成了这部作品。爱你们。

谢谢我的侄子，RBS、DCS和BDS，你们永远都是我的骄傲，我爱你们。

我还要感谢多尔（Doll）姨妈，谢谢你对我的关爱和接纳，祝您在天堂安息，祝您永远能与美食、信仰和教会音乐为伴。

感谢我的祖父祖母，感谢你们给我的仁慈、支持和关爱，感谢那些炉火边小酌的美好时光，感谢你们允许我在明尼苏达州繁星点点的夜空下在你们家后院露营。哦，还有，感谢你们让我在那充满回忆的后院举办婚礼。

感谢我一辈子的好朋友乔瓦娜（Geovana）、塔辛（Tamsin）、尤兰达（Yolanda）、特雷（Trae）和克里斯蒂·T（Cristy T）——一切尽在不言中。

感谢苏珊（Susan），感谢你一直以来对我的心理辅导，你不仅是我的医生，更是我的师长，有时甚至像我的阿姨。

感谢艾米（Amy）和珊米拉（Shamira），谢谢你们一直做我坚强的后盾。我真心觉得，若是没有你们，我可能什么工作都无法完成。

最后,我要感谢大码熟女团体的所有成员,当我面对支离破碎的人生,是你们帮我一点一点找回自我,让我重新变回完整独立的人,我们永远都是彼此的依靠。我感谢每一位成员,感谢你们对团队的信任。在此,请允许我特别致谢内奥米(Naomi)、尤妮斯(Eunice)、布里(Bree)、珍妮弗(Jennifer)、雷尼亚(Renia)和EB,感谢你们的真诚付出。

我要感谢的人很多,一路走来,有太多人给过我帮助,包括社交媒体的庞大群体。多年来,我们共同见证了彼此的成长,特别是我的GS10K家族,请允许我特别致谢罗思·杰弗森(Los Jeffersons)。如果我有任何疏忽遗漏,请允许我在此一并向各位道歉。我爱你们每个人,感谢在生命中与你们相遇。